La collection
ROMANICHELS
est dirigée par
André Vanasse

La clef de sol
et autres récits

La publication de cet ouvrage a été rendue possible grâce à l'aide
financière du ministère des Communications du Canada,
du Conseil des Arts du Canada et du ministère de
la Culture et des Communications du Québec.
L'auteur remercie le ministère de la Culture
et des Communications du Québec
pour son appui.

©
XYZ éditeur
1781, rue Saint-Hubert
Montréal (Québec)
H2L 3Z1
Téléphone : 514.525.21.70
Télécopieur : 514.525.75.37

et

Gérald Tougas

Dépôt légal : 1er trimestre 1996
Bibliothèque nationale du Canada
Bibliothèque nationale du Québec
ISBN 2-89261-149-0

Distribution en librairie :
Dimédia inc.
539, boulevard Lebeau
Ville Saint-Laurent (Québec)
H4N 1S2
Téléphone : 514.336.39.41
Télécopieur : 514.331.39.16
Conception typographique et montage : Édiscript enr.
Maquette de la couverture : Zirval Design
Illustration de la couverture : Sandro Botticelli,
La Primavera, v. 1470-1480
Photographies intérieures : Roger Turenne

Gérald Tougas

La clef de sol

et autres récits

éditeur

Romanichels

À Pierre, Paul, François.

La clef de sol

Beaucoup de gens se damnent quand ils n'auraient qu'à tourner une petite clef d'or pour que s'ouvrent les portes du ciel ; mais personne ne leur a montré à s'en servir. Cette petite clef, c'est un acte de contrition parfaite. Un petit acte de contrition qui vous rend en un instant digne de l'immense paradis, de la lumière sans fin et de l'éternité de la joie.

Le prédicateur s'interrompt maintenant. Il vient de dire que la contrition est imparfaite quand elle provient plus de la crainte de l'Enfer que du regret d'avoir offensé Dieu et d'avoir de nouveau crucifié Jésus-Christ ; elle est parfaite quand ce regret ne laisse place à rien d'autre. Il joint maintenant les mains à la hauteur de la bande de tissu qui retient par-dessus le surplis les deux pans de l'étole bleu et or, et ferme les yeux derrière ses lunettes cerclées de métal. Il les a fermés aussi fortement qu'il a joint les mains, la paupière écrase l'œil, le nez grimace, les mains serrées sont exsangues, qu'il tient maintenant sous son menton, et ainsi donne-t-il l'exemple de la concentration qu'il faut pour abolir de sa pensée l'Enfer et ne plus concevoir que l'infinie bonté de Dieu.

Il est maigre, c'est un ascète, a dit souvent la Mère au petit garçon, maigre comme un clou. Lui au moins met en pratique ce qu'il prêche, on peut lui faire confiance. Un homme mortifié, droit, courageux, il refuse la communion aux femmes trop décolletées. Il ose. Il a une règle : quand on voit la raie *entre*, et même à deux doigts avant qu'on la voie, c'est décolleté.

Le petit garçon n'entend plus les paroles du prêcheur à propos de larmes de componction maintenant, celles-ci don du ciel, mais pas indispensables, nuance-t-il. Elles sont rumeur, bruissement d'insectes. Il n'entend plus que celles de la Mère dans la mémoire au sujet des femmes décolletées. Elles font naître une vision en dépit d'un vague remords. Vision d'hiver malgré l'été. Vision heureuse. Grande joie. Calme. Fête. Il voit sa tante Clara : c'est le jour de l'an, elle s'approche derrière la chaise de son mari, se penche, sourit, l'entoure, l'embrasse, esquisse un mouvement de va-et-vient pour lui dire qu'elle l'a pris dans ses bras pour l'envie qu'elle a d'être câlinée, de bercer, d'être bercée, sourit aux autres, tandis que lui, sanguin, jouant au poker avec d'autres oncles et tantes, tonitruant, truculent, bluffant, dégage ses cartes des bras encombrants pour ne pas perdre de vue sa donne, sourit aussi aux autres avec condescendance, à la fois agacé et fier d'être tant aimé, c'est ainsi, il n'y peut rien, il cligne de l'œil contre la fumée du cigare de luxe qu'il vient d'allumer, qu'il a tiré d'une boîte de cèdre, et le petit garçon voit la fumée du cigare qui s'élève et, pensant qu'il est à l'église et à l'inconvenance peut-être, il imagine la fumée si dense qu'il ne peut plus distinguer le corsage si bien gonflé de sa tante Clara. Puis par le subterfuge innocent de la tentation repoussée, ce qui vous met en règle avec votre conscience, il s'autorise à ne plus voir que cela : la fine broderie de tiges et d'épis de blé du chemisier blanc. Après tout, il peut bien regarder, il peut bien penser à elle, puisqu'après tout, s'il y pense, c'est pour l'exemple d'une femme qui, elle, n'est jamais décolletée.

Il n'a pas de pensée vraiment. Il ne sait rien. S'il sait, il ne sait pas qu'il sait. Si parfois des phrases montent à ses lèvres ; si des mots se forment dans sa tête, s'accouplent et qu'il parle ou se parle, c'est comme une montée irrépressible à la surface, remontée en mots de ce qu'il a vu, senti, entendu, pressions, émanations de l'élan aveugle de vivre, suintements d'un réservoir enfoui, échos de profondeurs inconnues, de lointains souterrains que Dieu seul transperce de son regard lucide.

Il s'ennuie. Il se reproche de haïr l'odeur de l'encens. Il s'en veut de s'ennuyer et de ne pas aimer l'odeur de l'encens. Il s'efforce de penser qu'il n'a pas hâte d'aller après la messe à la pêche aux écrevisses avec Billy Reimer. Pas hâte que la messe finisse.

« Tu renifles, lui dit la Mère, tu tousses toujours à l'église. Ça distrait. Pourquoi ? »

Les bancs de l'église revernis de frais brillaient dans le soleil irisé passé à travers les vitraux.

C'est un autre jour. Il revient seul de la pêche aux écrevisses. Billy Reimer a écrasé la plus méchante qui terrorisait les autres dans la cuvette, celle qui ne pouvait dominer sa peur. Elles ont à l'intérieur une sorte de gelée jaunâtre d'un ton beaucoup plus clair que la mélasse qui sort de la tête écrapoutie des sauterelles. À quoi il pense en quittant la rivière boueuse et l'odeur de marais des joncs au vert tendre dont ses vêtements sont imprégnés, ou peut-être est-ce l'eau de la rivière sur ses mains ? Pour aller vers la maison, il faut monter une côte sous les chênes, une toute petite côte qu'il s'imagine longue et abrupte. Il sait pourtant qu'ailleurs il y a de vraies montagnes, on lui en a parlé. Il en a vu dans les livres à l'école. N'importe, il joue à garder sa côte longue et abrupte, il se voit qui gravit un pic neigeux au mépris de rafales et sent qu'à mesure qu'il monte le soleil perd de son poids, n'est plus que lumière sans chaleur ni froid comme l'air immobile sous les chênes où se fossilise dans les herbes hautes une Ford modèle T. Il y a des glands de l'année dernière, encore encapuchonnés de leur cupule, qui roulent sous ses pieds nus comme des billes ou s'enfoncent dans le sol. Il s'arrête sous les érables, six, en rangée près de la maison, qu'un oncle de l'Est a dit malingres à cause de la petitesse des feuilles. Manque d'humidité, si présente là-bas, a-t-il dit. Ils produisent en ce temps de l'année un genre de cosses qui pendent en grappes, commes larmes ou pendentifs que

portent les femmes. Il ne connaît pas le mot «samare».
Ça n'est pas mauvais à manger. Piquant et sucré. Il en
mâchouille. Puis va vers le tracteur garé près de la clôture du premier grand champ où cette année pousse de
l'orge, pour neutraliser l'odeur de marais dans celle, si
bonne, de l'essence, du cambouis et de la graisse. Puis il
s'avance dans la plaine du côté du pacage, regarde par-
dessus la voie ferrée, par-dessus le ballast élevé, au loin,
le bout des terres, la ligne de la forêt, cette partie de la
terre, qui est, comme dit le Père, en bois *deboutte.*
S'étonne qu'il y ait encore du vent, puisque ce sont les
arbres qui font le vent et il n'y en a plus guère à proxi-
mité. Il ressasse ce mystère familier. Celui-là, il l'a in-
venté, il s'en enchante. Les horizons tremblent de chaleur. Sous tout le bleu du ciel immense, il voit tout. Un
brasier, de grandes flammes douces et chaudes comme
l'air, de confiance et d'espoir brûlent dans sa poitrine et
dans sa tête. Confiance et espoir en quoi ? Il ne le sait
pas. Jamais il ne pose ce genre de questions. Il est au
comble de la joie. Il revient au galop vers la maison sur
le cheval imaginaire le plus fringant de son haras, dont
la robe marron est bientôt couverte d'écume, qui renâcle
devant les obstacles, mais il le rassemble, duquel il corrige impitoyablement les incartades pour le lancer à
fond de train en ligne droite vers la ferme.

«Tes vêtements sont sales, dit la Mère. Toute cette
boue. Pourquoi ?»

Puis ils font la prière du soir. Il tient sur les genoux
de la Mère ses mains jointes, comme les trois autres
enfants. Portes et fenêtres sont ouvertes, il fait chaud,

dans la maison c'est comme dehors. Pendant que la lumière rougeoie, des insectes crépitent encore, une tourterelle triste roucoule cachée dans les chênes. La prière est interminable. Ouhou-hou-hou-hou, ce n'est pas un hibou, pense l'enfant, même si certains le croient. Jésus, Marie, Joseph, je vous donne mon cœur, mon esprit, ma vie. Jésus, Marie, Joseph, assistez-moi dans ma dernière agonie.

La lumière recule. L'ombre gagne toute la plaine.

C'est la nuit.

Ont passé plusieurs jours semblables, des semaines. Deux mois. Jamais, contre l'ennui, il n'est à court de jeux, qu'il partage avec ses sœurs, son frère. Billy Reimer vient souvent. Ils vont ensemble aux écrevisses ou font sortir les *gophers* de leurs trous en y versant de l'eau. Ils se montrent très cruels pour ces bêtes nuisibles. Quand elles font irruption, vives comme l'éclair, effarouchées, le poil terni, tout amaigries d'être mouillées, elles reçoivent un coup de bâton sur la tête — qui l'écrabouille. Si elles s'enfuient, ce n'est que partie remise. Il y en a tant. Ce sont des bêtes nuisibles, le Père l'a dit. Il n'y a pas de plus grande joie que de tuer des bêtes nuisibles. C'est un plaisir sans remords. Parfois, ils retournent des pierres pour voir les fourmis affolées transporter en tous sens à la hâte leurs œufs beaucoup plus gros qu'elles-mêmes. À quoi ça sert, des frémilles ?

Après les foins et le trèfle coupés, stookés en wig-wams, engrangés ou mis en meules énormes dans les champs, on a battu l'orge, le blé, l'avoine, acheminé les grains par pleines waguines aux élévateurs. On s'est vautré dedans pendant qu'on les remplissait et pendant le voyage vers le village. Quand les grains coulent de la goulotte de la batteuse dans la waguine et encore plus quand toute la charge se déverse dans la trappe ouverte du plancher de l'élévateur, on entend le bruit de la mer, son ressac, on le sait, même si la mer on ne l'a jamais vue. Avec le blé, on peut faire une chique.

Le Père répète que cette année la récolte sera bonne. Quand il pleut, il fume sa pipe près du poêle, le dimanche une cigarette Sweet Caporal et dit en souriant d'aise comme d'une victoire sur elles que les pluies viennent trop tard pour déranger, c'est même bon pour l'année suivante, et, même si ces pluies sont trop abondantes en apparence, elles sont tout à fait souhaitables au cas où il neigerait peu. Son contentement prend beaucoup de place.

Le retour à l'école, dans son avenir si lointain, si improbable au début de l'été, est revenu pourtant.

L'automne hésite, penche vers l'été, penche vers l'hiver. Puis l'hiver s'installe.

Longtemps après, c'est toujours l'hiver. Il dure si longtemps, sa constance de vents, de neiges et de froid sec à casser les clous dans les murs rend irréelle comme un rêve la verdure de l'été.

Le petit garçon est malade encore une fois. Il respire si mal qu'il doit rester assis la nuit dans le fauteuil capitonné du Père. Même dans cette position, il happe l'air comme un poisson sorti de l'eau. Personne n'a plus peur que lui du sifflement rocailleux de ses respirations de mourant. Quand il dort, il voit des démons ricanants, aux yeux de braise, armés de fourches. L'autre nuit, un ours des griffes duquel il n'a pu échapper qu'en s'éveillant, niaiseux, se dit-il en riant, parce qu'il avait dans sa hâte, après être allé aux bécosses mis les deux pieds dans la même jambe de ses culottes courtes ! Aussi craint-il un sommeil toujours peuplé d'horreurs. Aussi se promet-il de ne jamais dormir. Mais, à bout de force, il dort. Il entend des paroles de réconfort ; répondant aux mêmes causes, elles sont usées, toujours les mêmes, routinières alors qu'à chaque instant son angoisse est nouvelle.

Le médecin Normandeau de Saint-Rémi est venu dans l'après-midi à Sainte-Luce. Il est rond comme son nom, joufflu, jovial. Il distribue poignées de main et bons mots à chacun. Il pose des questions comme pour la forme, pour confirmer ce qu'il sait déjà, car il grogne aux réponses sans attendre la fin, grommelle pour lui-même entre ses dents, contre virus et microbes. Il est important, solide. Le petit garçon veut croire que ces êtres microscopiques n'ont aucune chance contre lui, ils devront atteindre cette masse d'abord de certitudes inébranlables, le terrasser, lui marcher sur le corps. Il a sorti de son sac un appareil à tubes et à ventouses, dont il s'est mis les plus petites dans les oreilles pour ausculter avec l'autre, la plus grosse, en plusieurs points la poitrine et le dos. Il écoute longtemps la maladie. Puis il lui demande : Combien tu pèses ? Soixante-dix livres ? C'est avec ou sans, dit-il en riant et en montrant ce qui pend au bout d'une chaîne dans l'épigastre, un poids de multiples médailles et un Christ de fer.

«C'est une crise d'asthme encore, compliquée d'un rhume. Heureusement, il n'y a pas d'eczéma.» Il prescrit un sirop, qu'il a dans son sac. «Ça ne guérit pas, dit-il, ça soulage.» Puis il se fait raconter comment cette dernière crise est venue. Il est maintenant très attentif, écoute cette fois jusqu'au bout toutes les réponses et ne manifeste aucune impatience aux digressions, les encourage même. Il s'est fait matière spongieuse pour s'imbiber de toutes les paroles, à l'affût du détail pour la résolution enfin du mystère de l'asthme. Il note tout, pèse tout, dit oui oui de la tête, continuez. Son anamnèse est interminable. Le petit garçon l'écoute aussi. Il s'étonne puis s'enchante qu'on parle de lui comme d'un personnage dans un livre. On lui prête des sentiments, des réactions, des pensées même qu'il ne reconnaît pas toujours. La consistance qu'il y gagne, pour fausse, illusoire ou fantaisiste qu'elle soit n'est pas pour lui déplaire, à moins qu'on n'exagère vraiment, en le survolant. En l'oubliant. Après tout, c'est son histoire qu'on raconte et nul, sauf Dieu, ne la connaît mieux que lui. Aussi se prévaut-il de son droit de regard sur elle, en ajoute, en enlève, retisse la trame du récit pour y prendre la place qui lui revient, le centre, mais cela sans effort, sans y penser, sans le vouloir, sans le savoir vraiment, le centre qu'il est par l'absurde élan de vivre, les battements de son cœur trépidant, sa fringale d'air jamais assouvie. Le centre, l'attention passionnée.

Et voici dans l'ordre de sa vérité ce qui reste après leur passage dans ce creuset, des paroles historiennes du

Père, de la Mère, du frère, des sœurs, ce qui s'y ajoute. Voici ce qu'on raconte, revu et corrigé et augmenté, pendant qu'il revit au passé, oublie son mal, quel remède ! C'était avant-hier. Devant toute la paroisse, dans une pièce intitulée *La meilleure part,* il joue le rôle d'un petit garçon d'un père athée — ça se passe en France, a dit le vicaire qui règle la mise en scène, en France où il y a plein d'athées à cause de la Révolution et, pis encore, de gens qui reconnaissent Dieu afin de le combattre —, lequel s'oppose farouchement à la vocation de prêtrise de son fils. Cela le déshonorerait, il perdrait la face, pensez donc, morbleu, sacrédié, de quoi aurais-je l'air ? Cordonnier, il ponctue ses arguments contre cette absurde ambition de coups de marteau pour planter des clous dans la semelle d'un soulier posé sur une forme. Quand le soulier est réparé, il s'est converti, il a été visité par la grâce, frappé par la foudre comme saint Paul sur le chemin de Damas, a dit le vicaire. Son dur cœur de mécréant s'exhale en tendresses humaines et divines ; fondant de regret pour son aveuglement, il pleure, la mère pleure, le petit garçon pleure. C'est la fin, rideau, un tonnerre d'applaudissements salue ce déluge de larmes.

Quelle joie de feindre, comme c'est facile ! Derrière le rideau, le père de la pièce, comme le plus tendre des pères dans la vraie vie, félicite son fils de la pièce, lui dit : Tu vois, tu as bien joué malgré ta maladie, le vin de messe chaud du vicaire en te faisant vomir t'a débarrassé de ton mal le temps qu'il fallait. Mais attention ! le rideau s'ouvre, il faut saluer le public. Il est rubicond, les traits burinés ; contremaître d'une équipe de cheminots dans la vraie vie, les heures passées au soleil et au vent à poser des rails, à planter dans les traverses des clous à caboche carrée comme des clous de crucifix ont allumé son crâne sous ses cheveux de Cadet Roussel, comment peut-il être cordonnier, enfin c'est du théâtre, au moins il a l'habitude de planter des clous.

Un franc succès, a convenu la Mère encore une fois à ce point du récit, pendant que le petit garçon se revoit dans le poutte-poutte, le teuf-teuf, la draisine à bord de laquelle son père de théâtre l'a fait monter un jour de plein été. Il n'écoute plus que le vent dans ses oreilles, qui tire après ses yeux. On descend la côte du Trou des Sables vers Sainte-Luce dont on voit seulement la flèche de l'église émergeant de sa touffe de verdure le long de la rivière. Les champs de tous côtés se déroulent jusqu'aux horizons où tremble la chaleur et, pendant qu'on traverse le paysage de lumière, un même espace de confiance et d'espoir s'ouvre dans sa poitrine, l'excitation de la vitesse à travers l'air ajoute une intensité, une recrudescence à son abandon à l'ordinaire merveille de vivre. Les hommes de la draisine lui sourient, ils sont heureux, ils se souviennent, ils sont heureux avec lui le temps d'un sourire. Malgré l'immensité inhumaine, nulle menace, il ne se sent pas fragile, il a sa place au centre du monde, il n'a pas à penser pour respirer comme au cours de ces nuits dans le fauteuil capitonné du Père, où il trône encore pendant qu'on raconte comment lui est venue sa dernière crise.

«Quand tu pleures, a dit la Mère après la représentation, pas nécessaire de déployer ton mouchoir comme
un Union Jack, tu en fais un tampon comme ça, dont tu
t'assèches les yeux. Discrètement. Je dis ça pour Saint-
Rémi où vous allez jouer, Saint-Rémi, les Turenne, les
Préfontaine, les avocats, les médecins, les notaires, et
même les directeurs de pompes funèbres, c'est snob, ça
tire du grand, ils se croient moins habitants que nous.
On ne voyait que ça : le mouchoir.»

«Si j'ai bien compris, interroge le docteur Normandeau, il était malade avant la représentation ? Il est allé à
l'école la veille ?» À quoi on répond des oui circonstan-
ciés, oui, mais il faisait beau, pas trop froid, oui, mais
c'est lui qui y tenait ; des oui de toutes les façons pour
courir au-devant des coups, pour s'excuser de n'avoir
pas bien agi peut-être — qui se résument à oui.

À l'école. Le plus précieux. Son secret. Cela, bien sûr,
personne ne le raconte. À l'école, quand il a été au plus
mal, on a trouvé un fauteuil qu'on a installé au fond de
la classe près de la bibliothèque vitrée, et une couverture
râpeuse de laine grise dans laquelle la maîtresse l'a
enroulé, bordé comme la plus tendre des mères dans la
vraie vie. Son crucifix d'argent pend par-dessus sa colle-
rette, c'est froid. Jamais il ne l'a vue d'aussi près. Une
forte odeur d'empois provient de sa guimpe. Elle s'approche encore, pose ses mains sur ses épaules, le regarde
dans les yeux, le somme de l'écouter, lui dit : Il ne reste
qu'une petite heure, patience, ne t'inquiète pas. C'est
presqu'un ordre. Elle ouvre la bibliothèque, lui dit :
Choisis, lis en attendant. Elle est nouvelle, elle remplace

la vieille sœur tombée malade. Elle aime la musique, de là son nom de sœur Cécile, qui n'est pas son vrai nom, elle a expliqué le premier jour, c'est courant en religion. On chante entre les leçons : When we Froggies go to School ou There's Someone Tapping on the Maple Tree ou Manitoba Here we Rise to Greet you, ah ! c'était un p'tit cordonnier. Elle dit qu'elle a une chanson pour tous les jours de l'année. Elle chante avec ses élèves, elle bat la mesure, elle caresse les notes au passage, en arrondit les angles, elle les soutient délicatement comme des bulles de savon. Elle est toute jeune, le petit garçon comprend alors qu'elle est une enfant elle-même au milieu des enfants, et maintenant qu'il a vu de tout près l'éclat de son visage, la peau si blanche, diaphane comme celle des mains, le contraste des yeux si noirs, il sait qu'elle est plus belle encore partout sous son linge que tante Clara, mince et souple comme une liane. Elle lui sourit avant de regagner le devant de la classe. Engoncé dans son fauteuil, il lit la merveilleuse histoire d'un petit garçon hollandais qui arrête la mer en mettant son doigt dans la fissure d'une digue. Les gens de ce pays de Hollande portent des sabots. Dans leurs champs poussent des pavots et des tulipes. En plus des arbres ils ont des moulins pour le vent. Quel bonheur ! Il respire mieux.

Le docteur Normandeau remet dans son sac ce qu'il en a sorti. Il dit au Père : He needs a pat on the back, un peu d'encouragement. Drôle à dire peut-être. Il secoue la tête, ouvre les bras comme un prêtre au *Dominus vobiscum* pour indiquer qu'il doute, qu'il a fait de son mieux, il n'a pas de solution, il a le courage de le dire, et c'est comme un excusez-moi. En somme, c'est lui qui aurait besoin d'encouragement.

« Drôle à dire, dit la Mère, quand il est parti. Ces médecins, quand ils écrivent, on ne comprend rien, et pas davantage quand ils parlent. Charlatans forts en énigmes, pas si ferrés sur le reste. Des puits de science dont on voit le fond. Encouragement ! On te martyrise peut-être ! Et si c'était, quel rapport ? » Le petit garçon voudrait être sûr que l'expression de ce dépit soit le chemin détourné d'une tendresse. Il décide de le croire en pensant vite à autre chose. Quand la Mère parle, les choses existent fortement, ou sont détruites. Il hésite toujours s'il admire ou s'il craint.

Le printemps est venu le jour, comme tous les ans, où les glaces ont levé sur la rivière. Leur éclatement par la crue marque son arrivée plus sûrement que la date inventée par les hommes, c'est le Père qui le dit quand il explique le livre de la Nature. Il faut attendre cet événement pour compter les jours avant les semailles. Et encore, on peut compter pour rien. Il a ainsi des repères dans le temps, qu'il déplace et redistribue pour s'ajuster aux surprises, car le plus sûr toujours en ce pays, c'est l'imprévu.

Il faut longer la rivière maintenant pour aller à l'école, on ne peut plus marcher dessus, ou bien se contenter des fossés le long de la rue Principale. Ils gèlent la nuit, fondent le jour dès que le soleil a atteint son zénith. La glace est couverte de givre ; mince, elle craque. Il ne faut pas insister, glisser plutôt, être ailleurs quand elle cède. C'est un jeu. Le danger décuple la joie. Le soleil flamboie comme s'il se hâtait de tout faire fondre. De bonnes odeurs de jour en jour plus lancinantes montent de la gommeboue et des chaumes pourris dans les champs.

Le petit garçon n'a pas été malade depuis si longtemps qu'il lui semble que sa plus récente crise remonte à une époque lointaine, quasi immémoriale, irréelle au point qu'il arrive à peine à l'imaginer à moins de se voir sous les traits d'un autre petit garçon dans une histoire qui ne le concerne pas.

Il marche en ce jour sur le fossé, glisse, il est heureux, le cœur bondissant de joie dans l'universel ruissellement de lumière. L'école même n'est plus une corvée. Sœur Cécile est toujours là. La vieille religieuse malade est décédée. Un bonheur, un malheur. Un vague remords. A-t-il voulu sa mort? Non, tout au plus, se dit-il, repoussant cette horreur, une longue maladie pas trop grave, une extinction de voix, par exemple. Serait-il sorcier? Il n'y est pour rien. Ce qui arrive doit arriver. On peut apprécier la conséquence sans se réjouir de la cause. Il raisonne de mieux en mieux. À la maison, le soir, quand il est avec les trois autres, les mains jointes sur les genoux de la Mère, on pèse tout, les vices et les vertus, les fautes et les mérites dans les plateaux du Ciel et de l'Enfer. Une sourde révolte dont il ne sait rien, une volonté, une résistance, un refus, une sourde rancœur dont il ne sait rien, une force obscure l'ont amené à se voir de mieux en mieux du côté où rien ne pèse contre lui. Une énergie, une soif de vivre. Il choisit d'instinct de n'être pas perdant. C'est un jeu aussi. Mais il n'a pas de noms pour ces choses, le cœur n'a pas de nom pour battre, ni les poumons pour respirer.

Il est nul en dessin. Ce qu'il voit si bien dans la réalité se dérobe. Une pomme qu'il essaie de reproduire a l'air d'une citrouille ou d'un simple cercle muni d'une queue, ses arbres ont des feuilles plus grosses que le tronc, ses maisons toujours vues de face, aplaties, sans fenêtres. Aujourd'hui, malheur! la leçon de dessin se prolonge dans celle de solfège, puisqu'il s'agit de tracer une clef de sol sur la portée. Il voudrait tant bien faire. La musique relève du domaine de sœur Cécile, sa spécialité, sa passion, sa vie. Il voudrait tant lui plaire. Il essaie. Il se désespère. Il a déjà gâché trois portées sur la feuille de musique. Sa clef de sol a l'air d'un grand S, pis encore, d'un signe de piastre! Ridicule. D'autres ont réussi à leur première tentative. Sœur Cécile passant dans les rangs félicite ceux-là avec enthousiasme, avec amour. Elle est plus présente que jamais, animée, presque fébrile, on sent que pour elle savoir tracer une clef de sol est une preuve de sensibilité, de finesse, d'intelligence, le commencement et la fin de tout hors de quoi il n'y a point de salut. Il redoute le moment où elle arrivera à sa hauteur. Il s'applique avec hâte, se convainc à toute vitesse qu'il pourra, regarde le modèle, essaie encore une fois sur la quatrième portée. Désastre! Sa clef de sol penche à droite, dépasse trop la portée en haut, pas assez en bas, elle n'a pas de corps et de gras aux bons endroits, pas de rondeurs, elle est recroquevillée, contrainte, frileuse, feluette, sans envol, sans grâce, sèche et ridée comme l'écriture d'un vieux. Il la contemple avec haine. Son désespoir s'accroît de constater que s'il y a progrès entre sa première et sa dernière, c'est vers le ridicule et la catastrophe, la preuve par quatre de son incapacité. Arrivée à lui, sœur Cécile réprime un sourire, qu'il croit d'ironie, qui le blesse. Il attendait une colère. Une colère comme celle qui vient du Père quand à bout de patience il ne parvient pas à lui faire comprendre un problème de mathématiques. Alors il peut se buter, bouder, se rebequer, crier qu'il ne veut pas comprendre, que ces problèmes de maths sont idiots, que ce n'est pas une claque par-ci par-là, même une fessée qui le feront changer d'idée. Qu'il déteste l'école !

Sœur Cécile le gronde doucement. Il se met à pleurer. Il est devenu le centre d'attention de la classe. Sœur Cécile dit à ceux qui rient de ne pas se croire si fins. Elle se penche, sa cornette chatouille sa joue, forte odeur d'empois de sa guimpe, elle serre un peu son épaule, lui murmure : Ne t'en fais pas, c'est pas si grave, je vais te montrer à faire ta clef de sol pendant la récréation. Nous serons seuls.

Les autres sortent. Ils jacassent entre eux comme une bande d'étourneaux, disent toutes sortes de choses à son sujet, rien de tendre : niaiseux, chouchou, etc. Quand ils sont seuls, elle lui dit d'essayer encore sur la dernière portée, sous sa plus misérable clef de sol, sa tour de Pise. Elle le supplie, l'implore, une câlinerie dans sa voix le fait éclater en sanglots. Elle s'étonne. Elle a beau être musicienne, une artiste, son bon sens de campagnarde lui fait saisir la disproportion entre ce gros chagrin et sa cause, qui est l'impossibilité de tracer correctement une clef de sol. L'absurdité de cette disproportion l'atteint tout à coup. Elle se penche sur lui, lui dit: Eh! c'est pas la fin du monde, c'est pas la mer à boire. Je vais te montrer, le truc c'est de savoir par où commencer pour savoir où finir. Elle prend de force, car il se rebiffe encore, sa main dans la sienne. Elle trace avec lui la clef de sol, elle détaille en paroles les différents mouvements, le mouvement complet lui-même, puis, main levée, le reproduit dans l'air. «Ici tu engraisses, ici tu repasses, tu laisses aller ta main, tu penses à ce qui est beau.» Elle détaille en paroles calmes les belles courbes, les courbes harmonieuses, recommence ailleurs sur la portée ces belles courbes qu'elle trace lentement avec lui, variant sur sa main la pression de la sienne, comme pour imprimer dans sa main à lui les belles courbes harmonieuses, parlant de moins en moins, de plus en plus doucement jusqu'au moment où, alors qu'elle a relâché son emprise sur sa main et qu'elle mime seulement le geste des doigts repliés comme s'ils la tenaient encore, il dessine enfin seul la clef de sol!

Un sentiment de reconnaissance l'envahit, si violent qu'il l'oppresse d'abord, puis sa poitrine au lieu de se rétrécir à ce point douloureux, de se résumer au resserrement, à l'étau de l'angoisse comme dans ses crises d'asthme, se dilate au contraire comme s'il avait absorbé d'un coup l'air immense. Il pleure encore, mais de joie. Ce désordre, ce paroxysme étonnent sœur Cécile, l'émeuvent. Penchée sur lui, par-derrière, elle l'entoure, l'embrasse. Elle pleure aussi. Ses larmes sont salées. Il se retourne, il touche ses joues, ses lèvres. Elle le repousse doucement. Un bonheur étrange habite le petit garçon, bonheur neuf, inconnu, un bien-être diffus dans tout le corps, dans ses bras, ses cuisses, son cou, son ventre et non plus seulement dans sa tête et son cœur comme lorsque s'allume le brasier doux de confiance et d'espoir qu'il connaît souvent au milieu de la plaine. Une nouvelle angoisse l'étreint, non d'une menace, mais d'une promesse. Ce mystère le bouleverse, ce mystère n'a pas de nom, de formule. Il est né sans question. Il ne sait rien. Il ne sait pas qu'il sait.

Sous le soleil du printemps toute la neige a ruisselé. Puis des pluies abondantes ont relavé le sol, transformé la terre noire en gommeboue, laissé stagner les flaques jusqu'au dégel définitif. Les arbres bientôt se gonflent. Les dernières plaques d'herbe brûlée par le froid dans les champs laissés en pacage verdissent. Le Père a semé l'orge, le blé, l'avoine. Quand on monte sur le toit de l'étable par la partie basse qui loge les chevaux, puis de là jusqu'à l'arête, on voit les pousses de toutes les nuances de vert au loin, jusque de l'autre côté de la voie ferrée, jusqu'au bout des terres.

Le Père est content. Il dit que ses semailles sont en avance sur l'an dernier. Il redresse des clôtures, trouve des bâtiments à retaper, met de l'ordre, referre les chevaux, à petites journées. Il revient souvent à la maison. Pas pressé, il fume longuement sa pipe après les repas ; le dimanche, une cigarette Sweet Caporal. Il dit qu'on n'a plus qu'à attendre, à espérer. C'est le meilleur moment de l'année. On peut rêver. Il parle souvent à la Mère, lui répète de ne pas s'énerver, de ne pas se fâcher, de baisser le ton. Elle lui dit : Quand ça compte, tu t'arranges toujours pour n'être pas là. Je suis toujours seule avec les enfants, la semaine comme le dimanche. Je m'occupe de tout. Je décide tout. Tu travailles ? Ben oui. Moi je ne travaille pas, peut-être ? On ne sort jamais. On ne voit que les champs. On voit loin mais on ne voit rien. Il lui répond : Tu rechignes toujours. En Saskatchewan, tu voulais revenir au Manitoba. On y est. On habiterait Montréal ou même Paris, tu te plaindrais. Tu me vois dans une usine ? C'est une chance d'être son propre boss. Tu voudrais tout. Tu en demandes trop. Moi je suis cultivateur, parce que c'est comme ça. Et c'est comme ça parce que c'est comme ça pour ben du monde. Quand elle hausse les épaules, fait la moue, il lui dit ben oui, hausse les épaules, grimace. Leurs conversations de monologues se terminent la plupart du temps par une phrase de l'un ou l'autre à quoi il n'y a rien à ajouter.

La Mère rafraîchit la couleur crème de la cuisine. Tante Clara est venue l'aider. Elle dit que la campagne la repose de la ville. Elle est heureuse. Elle sourit tout le temps. Elle raconte des histoires où figure toujours son mari dans un beau rôle. Elle dit mon Jos fait ci, mon Jos fait ça, dit ci, dit ça, que déjà elle s'ennuie de lui après trois jours. La Mère dit ben oui, ton Jos.

Les soirs sont doux. Tante Clara y est pour beaucoup. Elle est aussi gentille et presque aussi belle que sœur Cécile. Il n'y a pas de querelle. Quand il y a de la visite, chacun se montre sous son meilleur jour.

La classe est bruyante. Ernest Desautels a dessiné au tableau noir deux cochons, le mâle et la femelle, l'un dans le mouvement de chevaucher l'autre, et, pour qu'on sache ce que ces bêtes s'apprêtent à faire, il a mis tout son talent de caricaturiste à exagérer les proportions de la vulve, des testicules et du sexe, lequel commence en épée pour se terminer en pointe de flèche sur le point de s'enfoncer dans la cible. La croupe du mâle est déjà rentrée, les jambons arrière plissés, c'est obscène et grotesque, un comble d'animalité. Des rires nerveux fusent ici et là, mal réprimés, en sourdine, cachés par des mains, puis, libérés, éclatent en chœur, en tempête quand sœur Cécile sans se démonter dit à Ernest d'effacer ses cochonneries. Cet à-propos bientôt ramène le silence. Elle va parler. Jamais elle ne laisse passer ce genre d'incident sans en tirer une leçon. Chacun retient son souffle et se réjouit d'avance de la volée de bois vert qui va à l'instant s'abattre sur le pauvre Ernest. Pourtant la semonce ironique et cinglante annoncée dans la finesse du mot « cochonneries » ne vient pas. Sœur Cécile parle certes et tient même un long discours, mais le rapport qu'il a avec ce qui vient de se produire est si ténu qu'il échappe à la plupart. Elle semble poursuivre à voix haute pour elle-même une réflexion commencée depuis longtemps, elle récite un peu comme une leçon apprise, elle ne prend pas la peine, comme elle le fait d'habitude, de trouver les mots simples susceptibles de faire comprendre même les choses les plus compliquées. Elle parle comme si elle devait d'abord pour elle-même se tailler un chemin à travers des broussailles. Il est question de Dieu et du Diable, des Vices et des Vertus, de l'amour humain et de l'amour divin, du fossé, de la distance énorme qui sépare ces deux amours pourtant parents puisque, dans un mouvement naturel, il faut s'élever du premier pour atteindre au second, le premier se dépouillant peu à peu de ce qu'il a de grossier jusqu'à n'être plus que désir pur de la Divinité, libre de toute attache terrestre, et qu'avant même, dit-elle, de s'engager dans cette voie et d'y espérer quelque succès ou mérite, il faut avec Pascal se persuader que la seule grandeur de l'homme réside dans sa reconnaissance par lui de sa misère absolue sans Dieu et Sa grâce.

Le petit garçon écoute attentivement. Il reconnaît là des termes familiers. Ces mystères, ces obscurités, ces ombres sortent aussi de la bouche de la Mère. Quand il sera grand, il pourra lui aussi parler des choses impalpables, invisibles. C'est pour y arriver qu'il va à l'école. Il a commencé, lui, par ce que l'on voit, ce que l'on sent, l'eau, les fourmis, le vent, le feu, la lumière et les ténèbres. « Ernest, dit sœur Cécile, est parti du plus bas, dans tous les sens du terme, et il a du chemin à faire ! » Elle a retrouvé ses mots ordinaires, ceux qui font comprendre. L'ironie attendue au début se manifeste enfin pour le bonheur de tous. C'est un régal. Elle dit: Revenons sur le plancher des vaches, je veux dire dans la soue d'Ernest ! J'ai voulu vous faire comprendre, et je vais vous le dire même si c'est une horreur, si ça jure jusqu'au sacrilège de mettre ces mots dans la même phrase, qu'il y a une distance infranchissable entre le dessin de cochons d'Ernest et la Divinité, enfin ce n'est pas le Cantique des cantiques. Et elle leur explique, puisqu'elle vient de le mentionner, le Cantique des cantiques, les seins qui sont des faons et tout, toutes les belles images amoureuses, l'âme et le Christ, l'Église et le Christ, l'Époux divin. «Pourtant, dit-elle en conclusion, il ne faut pas désespérer de lui, puisqu'il a du talent, le talent étant un bien en soi. Réussies les têtes, délicats les groins, les cuillères à pot des oreilles, magnifiques, et quel envol, quelle fantaisie dans le tire-bouchon des queues! Ne parlons pas du reste, de ce qui intéresse surtout Ernest! En somme, on voit bien qu'Ernest a gardé et regardé son sujet, et qu'il est un expert. On peut tout excuser, tout pardonner, sauf la laideur, la vulgarité, la bêtise.» Cela tombe comme trois fois une masse sur la tête d'un poteau.

Décidément, elle parle mieux encore que la Mère. Le petit garçon écoute, ravi, il ne sait pas encore tout à fait que ce qu'il admire et envie, c'est le pouvoir des mots, l'appel d'air qu'ils provoquent, les paysages vastes comme une plaine, l'infini qu'ils ouvrent quand la conviction d'une passion les porte. Oui, elle parle mieux que la Mère. À regret, il la préfère. Il la choisit. Elle parle mieux et jamais avec hargne, doucement, même sa colère sourit, où elle ne se met pas tout entière mais, en retrait, se réserve, domine.

Maintenant, souvent depuis la clef de sol, il baigne dans son regard. Elle aussi le préfère, croit-il. Une tendresse dilate sa poitrine. Non, l'école, malgré le dessin et le calcul, n'est plus une corvée, une prison!

Son tour est venu de nettoyer tableaux noirs et plancher. Sa semaine de ménage commence. Rien de très compliqué. Pour les tableaux, passer un chiffon humide suffit. Pour le plancher, épandre d'abord, comme on jette des graines aux poules, une poudre granulée verdâtre, un peu collante, le Dustbane si efficace. De *bane* qui veut dire peste, fléau, poison et, bien sûr, *dust*, poussière, de là abat-poussière, ramasse-poussière, tue-poussière, a expliqué un jour sœur Cécile. Ça laisse une odeur d'épinette.

Sœur Cécile derrière son bureau corrige des devoirs. Elle est tout absorbée, elle ne fait pas attention à lui, même quand elle lève les yeux de dessus son travail, elle ne le voit pas. Elle ne voit rien sinon son idée, la note à mettre sur la copie. Il est déçu, il voudrait qu'elle lui parle. L'a-t-elle oublié? Ce silence l'oppresse, cette indifférence; aussi, en attendant qu'elle veuille constater sa présence, il exécute lentement sa besogne de balayage, s'attarde le plus possible, fignole, s'occupe à des riens, lentement. Il pense au jour de la clef de sol, il pense qu'une maîtresse doit d'abord faire son travail, qu'elle ne doit surtout pas manifester de préférence pour l'un de ses élèves. Pas de passe-droit. Elle doit les aimer tous également, c'est la règle. Tout le monde répète ça. Le jour de la clef de sol, sœur Cécile a fait son travail, comme le jour de sa crise d'asthme. Il pense, certes, mais il ne va pas d'une chose à l'autre comme on va en sautant sur des roches d'une rive à l'autre d'une rivière. L'aveugle élan de vivre le porte, le souvenir d'une sensation délicieuse, et la soif de son renouvellement. Il est malaise, déception, désir. Il est au centre, il est le centre vivant de

cela, et ce qu'il sent et pense est vague, puissant et diffus, naturel, irrépressible, indivisible comme le mouvement du sang dans les veines et l'air dans les poumons.

Vraiment, il ne peut plus continuer à faire semblant
de ne pas encore avoir fini. Il s'approche du bureau pour
dire bonsoir et partir. Il fera cela simplement, comme
une chose d'habitude, comme un rien sans importance.
Il est fier. Il ne veut pas quémander. Mais elle a relevé la
tête encore et les yeux vers le plafond et au-delà le ciel,
ces yeux qu'il voit noirs et immenses dans le visage aux
traits fins encadrés par la coiffe et la guimpe. Ils luisent,
embués. Elle a pleuré, elle va pleurer encore. Tout son
visage est peine, affliction, elle est transpercée de douleurs comme une Sainte Vierge à la descente de croix,
comme celle, bleue et blanche, de la pietà de l'autel latéral dans l'église de Sainte-Luce. Elle le voit enfin ! Voit
dans son regard à lui le souci qu'il se fait pour elle,
l'étonnement, l'interrogation ; pour le rassurer, lui sourit ;
pour le récompenser de partager sa peine sans la connaître, lui tend les bras. Alors il laisse s'accomplir dans
la réalité le mouvement qui le porte, qu'il a depuis longtemps imaginé. Il s'abandonne à l'ivresse de consoler : il
s'y jette. Il ne sait pas ce qu'il fait. Il n'a pas réfléchi. Elle
est assise. Il est debout. Leurs visages sont à la même
hauteur. Elle le presse contre son cœur. Elle lui fait une
place entre ses genoux cachés dans l'amoncellement de
linges. C'est compliqué, c'est maladroit. Il s'accroche
dans ses cornettes. La croix pectorale tournée de travers
rencontrant celle qu'il porte lui-même, le blesse. Comme
elle s'en rend compte, elle la remet à plat. Elle sourit. Elle

rougit. Il voit l'eau de ses yeux, l'eau de ses larmes dans son visage comme la pluie qui avive le vert de l'herbe, mais ici dans son visage le délicat incarnat. Il voit le très fin duvet blond débordant de la coiffe aux tempes, le touche du bout des doigts, touche les lèvres. Il rougit aussi, sourit. Peut-être se savent-ils tous les deux plongés dans un abîme de sentimentalité. Peut-être se verraient-ils ridicules s'ils étaient vus. Mais ils sont sans témoin, libres peut-être de descendre, de consentir enfin à des délices toujours refusées.

Il lui dit : Ne pleure pas. C'est à cause d'Ernest ? Elle dit : Oui, il y a des enfants qui ne sont jamais des enfants, tout de suite le mal est sur eux, tout de suite la laideur. Je suis fatiguée, je suis seule. Heureusement, tu es là, tu me réconfortes. Mon petit prêtre. Il touche encore les joues, les lèvres, il ne peut pas résister, son audace l'étonne, ils se serrent l'un contre l'autre, il voudrait que cette étreinte n'ait jamais de fin. Il sent son cœur fondre de tendresse, c'est trop — ce bien-être de tendresse dans ses bras, ses jambes, son cou, son ventre, est-ce mal ? Une angoisse, une soif et faim d'il ne sait quoi. Elle le tient très fort dans ses bras, entre ses genoux, longuement. Demeure longtemps immobile, frémit longuement. Puis l'un de ses doigts suit délicatement l'arête de son nez depuis la base jusqu'au bout à quoi elle applique une légère pression comme si elle mettait un point final. « Maintenant, il faut partir », dit-elle.

Avant même la fin du printemps, l'été déjà flamboie sur la plaine. Le Père redoute une trop longue succession de jours chauds. Pour les récoltes, il faut une alternance bien réglée de soleil et de pluie. Il compte les jours. Quand la pluie vient, une longue pluie calme de deux jours, il est content. C'est tellement mieux que les orages qui arrachent le sol. Il dit qu'il avait tort de se faire du mauvais sang, que les champs seront hauts. Il y aura de la paille et du foin en masse, assez pour en vendre, ce qu'il regrette tout de suite d'avoir dit, car c'est tenter le Diable que de parler sans savoir, et quand a-t-on vu trois années d'affilée de bonnes récoltes? Ne vendons pas la peau de l'ours. Il fume sa pipe. Le dimanche, une cigarette Sweet Caporal. Il a ses habitudes. On dirait qu'il donne une leçon de stabilité à la Nature.

Pour aller à l'école, le petit garçon traverse maintenant la bande de forêt qui longe la rivière. Il y a des érables, des chênes, des trembles surtout. Poussant espacés, ces arbres ne parviennent pas en hiver, bien sûr, réduits qu'ils sont alors à l'état de chicots, à ressembler à une vraie forêt comme celle du bout des terres où l'on n'entre jamais seul, à quoi ils ressemblent maintenant, ébouriffés de toutes leurs feuilles. Pourtant, dans l'exaltation où il est, ce n'est pas assez, il les imagine plus denses encore et d'essences plus variées, il imagine des frondaisons quasi impénétrables, tropicales. Il imagine l'herbe plus haute, les fleurs sauvages plus épanouies, plus colorées, plus abondantes, une extravagance de sucs et d'odeurs, une folie de suintements, d'exhalaisons sucrées, délicieuses jusqu'au dégoût. La seule chose digne de l'idée qu'il se fait de la beauté, de la force, de la fougue, de la grandeur, c'est l'étalon de Zalindeck au large cou. Quand, avant de longer la rivière, il passe près de son enclos, il le contemple, il lui parle, il le provoque à baisser les oreilles, à hennir d'agacement. Vraiment, cette bête ne laisse rien à désirer, elle est parfaite, elle est même ce qu'elle est avec surabondance. Il a vu aussi la Métisse des Belair se baigner nue près du pont. Elle nageait. Ses seins tout droits. Il a vu une femme nue, au complet! Il pense que Billy Reimer est un enfant, qu'il n'ira plus avec lui à la pêche aux écrevisses, et qu'il ne fera plus avec lui sortir les *gophers* de leurs trous en y versant de l'eau.

Il reste souvent après la classe. Sœur Cécile n'est jamais à court de prétextes pour le garder auprès d'elle. Elle invente à sa place les raisons de ses retards. Parfois, elle ferme à clef la porte de la classe. Elle dit : Comme ça, nous aurons la paix, nous avons tant de choses à nous dire, comme ça nous ne risquons pas d'être dérangés. Souvent elle lui dit : Mon petit prêtre. Tu seras prêtre, n'est-ce pas ? Il touche le fin duvet, les joues, les lèvres. Et toujours, malgré les complications du costume, elle lui fait une place entre ses genoux, touche l'arête de son nez, pince légèrement ou baise le lobe de ses oreilles, y fait dedans des Z pour le chatouiller. Parfois ses mains s'égarent, est-ce qu'elle le fait exprès ? Non, elle parle d'abondance de tout et de rien alors, elle est distraite, c'est comme par hasard qu'elle le touche là où il ne se touche jamais lui-même parce que c'est mal, et le mal est aboli, c'est sœur Cécile. Puis, comme toujours, elle le serre très fort dans ses bras, entre ses genoux, longuement. Se tient longtemps immobile, frémit. « Maintenant, dit-elle, il faut partir. »

Il a caché sa photo dans le grenier, entre les pages du livre qui s'appelle *Laure Conan. À l'œuvre et à l'épreuve*, qu'il a remis avec d'autres livres dans une boîte, en prenant soin de n'en pas modifier le désordre. En cachette, il va la voir, replace le livre.

Comme il la trouvait belle sur cette photo ! Elle lui avait dit : Je te fais cadeau d'une photo où je suis encore jeune fille, je veux dire avant mon entrée en religion, car jeune fille je le suis toujours quoique tout ce linge qu'on porte ait pour but de le faire oublier, j'ai vingt-quatre ans, je t'en fais cadeau pour que tu connaisses la grandeur de mon sacrifice, Dieu ne veut pas des restants, il faut tout lui donner, surtout sa jeunesse, la laisser se faner sous son regard, Dieu veut tout, nous religieuses sommes ses fiancées soumises, nous attendons qu'il veuille bien nous visiter de Sa grâce. Puis elle a parlé du Dieu terrible de l'Ancien Testament, du Dieu d'amour du Nouveau. Il n'arrive pas à se rappeler les paroles exactes, car à ce moment les mains de sœur Cécile se sont égarées encore, et il sait maintenant que ça ne peut pas être mal à cause du Dieu d'amour. Elle a parlé, tout en laissant ses mains libres de s'égarer, de fleurs, de printemps, d'éclosion, d'explosion de joie, de renouveau. Elle a dit, regardant avec lui la photo : Tu vois, j'avais de longs cheveux qui descendaient dans mon dos jusqu'à la taille, cheveux qu'on disait couleur de soleil, de blé. Il faut tout donner. Et même, ose-t-il à peine penser, car il ne pense pas vraiment, et il sourit, les faons du Cantique des cantiques dans l'échancrure du corsage ? Elle a dit qu'elle a exagéré elle-même le décolleté avec un doigt au centre juste avant la photo, que Dieu lui a sans doute pardonné cette faute d'avoir voulu garder d'elle-même la plus belle image avant de disparaître aux yeux du monde pour n'être plus visible qu'aux yeux de l'Éternel Époux. Pour la première fois, il a entouré la taille, senti les côtes malgré l'amas de linges, la minceur. Il s'énerve un peu. Elle le repousse doucement. « Il faut partir maintenant », a-t-elle dit, comme d'habitude.

Depuis le début de son émoi, de cet amour, c'est comme à un désert quand il pense aux grandes vacances. Pourtant il est là, ce désert, deux semaines avant la fin des classes. A-t-elle voulu l'y préparer ? Il raisonne de mieux en mieux. Il revoit les étapes de son délaissement, de sa disgrâce, la progression impitoyable. Cela est venu, lentement et sûrement comme les feuilles viennent aux arbres. D'abord, sœur Cécile n'a plus fermé la porte à clef, il ne peut plus s'approcher d'elle, toucher les joues, les lèvres. Elle lui dit qu'il faut apprendre à contrôler ses sentiments, qu'elle-même a beaucoup à se reprocher à cet égard. Ensuite, il ne reste plus après la classe. Puis, en classe, quand elle le regarde et lui parle, c'est comme elle fait pour tous les autres et même, croit-il, avec une exagération, juste ce qu'il faut pour qu'elle soit perceptible, d'indifférence, d'objectivité professionnelle. Il ne lui reste du miracle que la photo. Quand il la contemple dans le grenier, il hésite, il remet à plus tard le moment de la déchirer.

C'est l'été. Les vacances.

Il revient seul de la pêche aux écrevisses. Billy Reimer est parti de son côté vers sa maison au nord, vers cette espèce de village qu'on appelle la Calédonie. Billy Reimer est vraiment un enfant. Il s'amuse encore à écraser des écrevisses, à écraser des sauterelles, à faire sortir des *gophers* de leurs trous en y versant de l'eau.

Le petit garçon monte la côte sous les chênes, où se fossilise dans les herbes hautes une Ford modèle T. Les glands de l'année dernière roulent sous ses pieds nus ou encore s'enfoncent mollement dans le sol. Il s'arrête sous les érables près de la maison. Mâchouille des samares. Puis s'avance dans la plaine du côté du pacage. Les horizons tremblent de chaleur. Sous tout le bleu du ciel immense et vide, il voit tout. Il essaie en vain la magie de revenir au galop vers la maison sur le cheval le plus fringant de son haras, dont la robe marron est bientôt couverte d'écume, qui renâcle devant les obstacles, duquel il corrige impitoyablement les incartades pour le lancer ventre à terre en ligne droite vers la ferme. Mais le cœur n'y est plus. Il renvoie son cheval aux écuries. Ce jeu est idiot.

« J'ai découvert le pot aux roses, dit la Mère. Quelle belle photo ! Comme elle est belle, ta sœur Cécile ! »

Puis ils font la prière du soir. Il tient ses mains jointes sur les genoux de la Mère, comme les trois autres. Portes et fenêtres sont ouvertes, il fait chaud, dans la maison c'est comme dehors. La lumière du soir rougeoie, des insectes se font entendre encore, une tourterelle triste se lamente. La prière est interminable. Jésus, Marie, Joseph, je vous donne mon cœur, mon esprit, ma vie. Jésus, Marie, Joseph, assistez-moi dans ma dernière agonie.

« Tu te crois beau ? » a dit aussi la Mère avec un sourire énigmatique, ce sourire mi-tendre, mi-narquois.

« Tu es laid. »

La lumière recule. L'ombre gagne toute la plaine. C'est la nuit.

Mary Lacatoze

La plupart des genses ont un
besoin effrayant de fête!

ANNE HÉBERT

Il y a au nord de Sainte-Luce une longue route toute droite de terre battue à travers champs, qu'on désigne sous le nom de chemin de la Calédonie et au bout de laquelle on trouve une bourgade d'une douzaine de maisons de ferme éparpillées dans la plaine, un embryon de village qui ne s'est pas rendu à terme, et qui faute d'une appellation officielle a pris aussi le nom de Calédonie. Mary Lacatoze venait de Calédonie. Non qu'elle y fût née, c'était seulement son dernier lieu de séjour connu. Personne ne savait d'où elle était vraiment, sauf d'ici et de là dans les fermes de la contrée avant de se trouver à Calédonie; mais pour l'origine première véritable, le pays, la nationalité : rien, la brume. Elle parlait l'anglais avec un accent français, le français avec un accent anglais et deux ou trois autres langues que certains, Ukrainiens, Allemands, disaient être le hongrois ou le polonais, alors que d'autres, tout aussi connaisseurs, prétendaient que cela ressemblait à l'espagnol, à l'italien ou au roumain. Il ne fallait pas compter sur elle pour éclaircir le mystère. Au contraire, elle s'employait à l'épaissir comme si elle avait voulu, en se taisant ou en vous lançant sur une fausse piste par dire n'importe quoi, faire un contrepoids de sérieux à la drôlerie de son nom que chacun s'amusait à déformer. À court d'hypothèses, on la disait romanichelle, gypsy. Elle était bonne, comme on dit, avec les enfants et s'était en quelque sorte spécialisée en relevailles. Dans ses bras, le mioche le plus maussade, le plus horrible nouveau-né de visage ou en criailleries répondait par des risettes à l'inépuisable variété de ses grimaces d'amour, rimettes, chansons et autres guilis-guilis. Aux plus vieux, elle distribuait taloches ou bonbons selon une juste évaluation des torts et mérites. Elle desserrait la discipline dans les familles trop sévères, serrait la vis au contraire dans celles où régnait un coupable abandon et dans tous les cas avait tôt fait d'établir son régime. D'un patron à l'autre on la recommandait en disant, à quelques variantes près, bon, oui, elle est bizarre, inquiétante parfois, et elle ne pense pas comme nous, et son sacré nom Lacatoze, Lacadose, Lacatoche, Lacadoux, mais attention, elle sait ce qu'elle fait, elle met de l'ordre, et pas rechignante au travail.

Ce fut un concours de circonstances qui la conduisit de la maison des Mondor de Calédonie à celle des

Hamelin de Sainte-Luce, la maison des Mondor ayant été la proie des flammes, et madame Hamelin en couches ne pouvant pas faire appel à sa sœur habituelle, elle-même sur le point d'accoucher. Mary Lacatoze était la seule femme de peine disponible, à quoi elle dut d'être engagée, car chez les Hamelin on se méfiait des étrangers qu'on appelait d'ailleurs des étranges. Elle lut dans les yeux de ses nouveaux maîtres les réticences, les hésitations, les doutes, comprit facilement qu'elle n'était qu'un pis-aller, un bouche-trou de rechange. Elle ne s'en offusqua pas, mais elle écouta avec moins de patience la liste réitérée parallèle des faites ci et ne faites pas ça. Elle n'appréciait guère qu'on prétende lui apprendre son métier. Elle verrait bien, elle jugerait par elle-même, qu'on lui laisse au moins le temps de vider sa valise. Pensaient-ils qu'elle avait un muscle entre les deux oreilles au lieu de matière grise ? Mais quand on est femme de peine, femme de ménage, bonne à tout faire, gardienne d'enfants, on marche sur son orgueil, c'est même la seule façon de continuer sa route, la vertu première. Reste que les Hamelin virent dans ses yeux à elle, leur battement de cils d'agacement et le corps tout droit, un peu crispé, venir le moment où elle les enverrait promener, et ils se turent. Tout penauds du contraste, car elle n'avait pas dit un mot. Première petite victoire, sans coup férir, à moins de le dire feutré.

On était neuf enfants chez les Hamelin. Étaient nés d'abord quatre garçons d'affilée puis, comme si la chaîne de montage avait changé de gérance, cinq filles. C'étaient de vrais diables, les garçons surtout qui, en vrais garçons, jouaient pour la galerie des filles, lesquelles, plus jeunes et moins braves, se contentaient, en attendant de grandir en audace, d'applaudir à tous leurs mauvais coups. Ils étaient fourbes, cruels, menteurs, vicieux, enfin de vrais enfants sains et normaux puisqu'ils étaient sans hypocrisie de parfaits pervers polymorphes, comme on dit dans les cercles huppés. Leur propension au mal et à la déviance, soit dit pour prendre le point de vue des gens bien, prenait vigueur à l'encontre d'innombrables lois et tabous très particuliers à la famille et ajoutés aux commandements de Dieu et de l'Église. Mary Lacatoze les trouva d'emblée plus sympathiques que leurs parents. En femme d'expérience, elle sut cependant du premier coup d'œil qu'elle avait affaire à forte partie. Elle en éprouva, mais avec plus de force et d'acuité, son trac habituel de comédienne qu'elle ressentait à l'entrée de chaque nouvelle maison, de grands papillons anglais dans l'estomac, plus remuants que jamais. Un bon énervement, elle le savait, de ceux qui au lieu de paralyser allument une belle flambée de sang dans les veines. D'être sur le qui-vive rendait plus vifs ses grands yeux bleus, comme plus concentrée son allure, plus leste la main à torcher et moucher la marmaille. Elle fut d'abord extraordinaire de précision et d'économie dans tous les gestes physiques de sa tâche. Un robot n'aurait pas mieux raclé les carottes, tranché les oignons et les navets ni versé à chacun sans bavure son bol de soupe, de soupane ou de Puffed Wheat. Presque muette les premiers jours, rien que des oui, des non, voulant s'assurer le point d'appui d'une mécanique sans défaut avant l'aventure des paroles, elle attendait, dans ce mélange de confiance, d'impatience et de doute qui fait les champions, la mise à l'épreuve, l'affrontement inévitable. Non avec l'ennemi, car c'étaient des enfants et elle aimait tous les enfants, mais la vie est une jungle et un jeu, même avec ceux qu'on aime il faut défendre sa peau. Elle les observait en silence, qui l'observaient en murmurant dans les coins pleins de ricanements étouffés pour la forme des Mary Lacadose Lacadoux puérils et devenant plus timides de ne provoquer aucune réaction mesurable.

Hasard, ou calcul pour savoir ce qu'elle avait dans le chaudron, toujours est-il qu'une semaine exactement après l'arrivée de Mary Lacatoze les parents s'absentèrent de la maison. L'occasion ou le prétexte de cette sortie commune inhabituelle était l'Exposition agricole annuelle de Sainte-Luce, où le mari voulait soi-disant aller voir des chevaux, des taureaux, des légumes, et madame Hamelin, plus sincère et suffisamment remise de ses travaux de parturiente, annuels aussi, *aller voir enfin du monde*!

C'était un dimanche. Une belle journée de fin d'août, chaude comme une de la canicule de juillet, mais sans humidité, lisse et bleue comme une oreille de charrue. Le soleil incendiait tout l'espace du ciel immense et, à ras de terre, ajoutait jusqu'au fond de tous les horizons un surcroît de dorures aux champs à demi moissonnés. Vides de travailleurs et de machines, ces champs dormaient, paisibles et lourds, en un silence que venaient souligner des trilles d'oiseaux isolés et la stridulation égale et ininterrompue des insectes. Pour Mary Lacatoze, cette maison des Hamelin au milieu de la plaine, sous les chênes, était en ce beau jour le centre de l'univers. Elle avait appris qu'il fallait éviter d'être plus accorte que la patronne, éviter, pour durer, d'attirer trop l'œil rôdeur des maris. Mais ce jour était son jour, et il faut ce qu'il faut. Aussi alla-t-elle dès le départ des parents dans la chambre qu'elle partageait avec trois des filles, se mettre juste un peu de rouge et remplacer le tablier de toile épaisse de la patronne, sorte de salopette d'un brun délavé, par un de coton fin choisi dans ses effets à elle et qui était parsemé de jolis motifs floraux sur un fond de blanc éclatant. Celui-ci se nouait à la taille et faisait voir, ce qu'elle put constater elle-même dans la glace, qu'elle était femme et, ma foi, jeune et fraîche, fort bien tournée, et bien découplée et en belles rondeurs plutôt qu'une colonne ou un I majuscule !

Ainsi vêtue elle descendit au rez-de-chaussée, croyant descendre dans l'arène. Ils étaient tous dehors sauf, bien entendu, la petite dernière qui s'était rendormie dans son ber. Les filles jouaient à l'école sous la direction de l'aînée, laquelle se montrait une maîtresse fort tyrannique puisque déjà deux de ses trois élèves étaient en pénitence à genoux sous un chêne pour avoir fait des barbots dans leurs cahiers, pendant que la troisième, son pauvre petit derrière inquiet dans la poussière, essuyait un discours énergique et plein de menaces au sujet d'élèves qui se comportent comme des bébés ! Les trois plus jeunes garçons promenaient leurs camions et tracteurs jouets dans des champs et sur des routes imaginaires minuscules en faisant entendre des vroum-vroum, des pétchouc-pétchouc entrecoupés de rapides conciliabules pour se mettre d'accord sur la suite du scénario. L'aîné semblait rêvasser, assis sur le pignon de l'étable, seule chose de mauvais augure puisqu'il était interdit d'y monter hors de la présence du père. Mary Lacatoze décida de ne pas s'en formaliser. Elle pouvait ne pas connaître cette règle. Elle pensa qu'un jour elle monterait là-haut elle-même pour mieux voir la campagne et le village de Sainte-Luce.

Elle sortit. On ne fit pas attention à elle. Elle aurait pu tout aussi bien être un arbre, un nuage, une tige de blé. Sa nouvelle tenue ne produisait pas plus d'effet que son accoutrement d'épouvantail. Quand elle s'enquit si tout allait comme ils le voulaient, s'ils s'amusaient bien, elle n'eut pas de réponse, pas un regard. Ah! se dit-elle en plusieurs langues, ils veulent m'avoir au silence, les petits vlimeux! Elle eut un moment de tristesse en songeant au poids de malheur qu'il fallait supposer pour que de si jeunes enfants aient recours à ce genre de traitement, aussi éprouvant pour le bourreau que pour sa victime et qui exige des nerfs solides, une longue expérience. Voyons voir, se dit-elle. Surtout ne pas jouer le jeu, faire mine de ne pas avoir flairé la tactique, parler en toute innocence pour les faire parler. Il ne faudrait pas croire qu'elle ressentît quelque hostilité, non, ni crispation, elle se savait d'équerre, au contraire, confiante, allumée, sentant de la plante des pieds jusqu'au sommet de la tête un bon picotement de sang dans les veines, et l'âme pleine de lumière autant que le paysage, toute prête pour une joyeuse petite guerre d'amour avec ces enfants rétifs et brimés. Ils l'aimeraient. Elle les aimerait.

«Que voulez-vous pour dîner? leur dit-elle d'une voix forte. Vous avez le choix.»

C'était la chose magique. À peine avait-elle commencé à leur expliquer que ce choix ne rencontrait que les limites du garde-manger qu'ils répondirent en chœur (à l'exception de l'aîné toujours dans son splendide isolement sur le toit de l'étable) : Des patates écrasées et des œufs soleil! Ils eurent de petits airs de commisération condescendante car elle ne comprit pas tout de suite que des œufs soleil, c'étaient des œufs au miroir ou sur le plat, expressions qu'elle n'eût pas comprises davantage puisque, pour elle, c'étaient des œufs frits, fried eggs, al plato, etc.

Pas compliqué. Peler des pommes de terre, à quoi la sévère institutrice prêta son concours de bonne grâce, les faire bouillir, mettre deux ou trois fois des œufs dans une poêle, vraiment ce n'était pas ce jour qu'on avait décidé de mettre ses talents de cuisinière à l'épreuve. La petite dernière qu'elle venait de changer jasait dans son ber. Mary Lacatoze se dit encore dans toutes ses langues qui se chamaillaient dans sa tête, que c'était du gâteau, un jeu d'enfants, simple comme bonjour et comme sur des roulettes, et comme de faire passer un couteau dans une livre de beurre mou, etc. Aussi qu'il y avait peut-être un hic, anguille sous roche, a catch somewhere; que c'était trop beau pour être vrai.

Ils se mirent à table. Ils avaient eu le choix du menu, ils en voulaient maintenant régler l'ordonnance: les patates écrasées d'abord, les œufs ensuite. Mary Lacatoze n'y vit pas d'inconvénient. Pourquoi pas?

Chacun reçut une généreuse portion de purée. Ne pouvant freiner leur faim, ils en mangèrent d'abord un peu, puis en redemandèrent aussitôt, assez, dirent-ils, pour faire une tarte. Faire une tarte? Elle ne savait ce qu'était une tarte de patates? Eh bien, ils lui montreraient, et ils répétaient: une tarte de patates, tout heureux de l'assonance burlesque. Il s'agissait d'étendre la purée sur toute la surface de l'assiette, de bien égaliser ensuite avec le couteau. Ce qu'ils firent. Ils s'observaient du coin de l'œil, semblaient s'attendre pour finir en même temps, chacun continuant à répéter, mais dans un murmure, et comme en confidence avec soi-même, et plongé en une profonde réflexion maintenant, sur tous les tons, du drôle au menaçant: u-ne tar-te de pa-tates! Puis à tour de rôle, ils mirent là-dessus du poivre, y tracèrent divers motifs avec les dents des fourchettes, avec les cuillers ou les doigts, sans jamais manquer d'attendre que chacun eût franchi une étape avant de passer à la suivante. Mary Lacatoze sut avant de le penser, par un léger frémissement qui la parcourut, que tout cela était concerté, comme les gestes d'un rituel depuis longtemps éprouvé. Il n'y avait pas ces mots dans son idée, seulement la vision d'un nid de guêpes dérangées, d'un essaim d'abeilles en mouvement. Qu'allait donner la suite? Quand mangeraient-ils leur tarte de patates?

«Maintenant», dit l'aîné en regardant Mary Lacatoze dans les yeux, comme il n'avait cessé de le faire depuis le début de ce repas, et pas toujours dans les yeux — et

Mary Lacatoze se demandait si ce regard d'amusement et de défi, et peut-être y avait-il la pitié et la sympathie du bourreau pour sa victime, était encore celui d'un enfant ou déjà un regard d'homme — « maintenant il faut mettre un peu de lait, ça se mange mieux avec un peu de lait. »

Ce qu'ils firent.

Puis après avoir convenu qu'il y en avait une aux pommes, une autre aux fraises, et ainsi de suite, ils divisèrent leur tarte de patates en quatre pointes égales comme de vraies tartes et en mangèrent d'abord goulûment, ensuite, comme repus, se mirent à pignocher, puis à racler en un bruyant concert la partie libérée des assiettes avec leurs ustensiles. Alors, comme il tombe de grosses gouttes de pluie isolées avant une averse, comme il y a entre deux camps ennemis des tirs sporadiques avant la fusillade nourrie, quelques secousses mineures avant le tremblement de terre généralisé qui atteint 8 à l'échelle de Richter, de belles pâtes alors, de beaux grumeaux de pomme de terre lactescents se retrouvèrent d'abord, sans qu'il fût possible de savoir de qui venait le signal des hostilités, l'un dans l'œil de l'aînée, l'autre dans l'œil de l'aîné, car c'était garçons contre filles ; d'autres ensuite, la guerre étant devenue totale, sur le plafond où après s'y être aplatis et collés ils se distendaient en tétons ; et sur les murs, sur les nez, dans les cheveux, dans le ber, sur le plancher, sur la table, volant dans les airs, fourchettes et cuillers servant de frondes, de catapultes et de balistes. Que fit Mary Lacatoze ? Elle protesta, gronda, cria, tempêta ? Pensez-vous ! Non. Il fallait entrer dans la ronde, entrer dans la fête, ajouter vite sa folie au sabbat pour l'épuiser, ce qu'en fine mouche elle comprit, et de plus elle voyait le camp des filles décimé, si l'on peut dire, et elle tenait le gros bout du bâton puisqu'elle disposait de la marmite et d'une ample provision de pommes de terre — dont elle se mit plein les mains pour en barbouiller le visage des trois plus jeunes garçons déconcertés par l'entrée en lice de cette alliée imprévue, avant de venir par-derrière faire avec la marmite renversée un casque de Viking à l'aîné. Et comme ce faisant elle avait appuyé ses seins sur sa nuque, il resta ainsi béatement coiffé, son petit jésus tout durci et battant la chamade pendant que s'élevait pour saluer la victoire de la servante l'éclat de rire général.

Quand les parents Hamelin revinrent au logis, ils trouvèrent les filles jouant à l'école sous les chênes, les trois plus jeunes garçons partis sur des routes imaginaires dans leurs camions et tracteurs miniatures ; le ménage fait, et l'aîné dans les jupes de la servante, qui le consolait doucement de son humiliation pendant que lui, l'aîné, écoutant avec délices les paroles de réconfort, dénouait et renouait machinalement la boucle du beau tablier blanc brodé de Mary Lacatoze.

Fête du Canada Day

J'aime voyager en auto. Je me souviens de tout, où on a mangé, ce qu'on a mangé ; dans quelle auberge, dans quel hôtel ou motel on s'est arrêté, si le lit était bon. En vrai Américain du Nord, j'aime les déplacements à toute vitesse à travers l'espace, à partir d'un endroit sans grand intérêt vers un autre qui n'en présente pas davantage. Les déplacements vides. C'est mon côté enfant. Je me dis le soir, à l'escale, j'ai fait tant de kilomètres, hé ! C'est con, je sais, mais ça ne m'empêche pas de lire Proust ou Anne Hébert. Mais on ne peut pas toujours lire Proust ou Anne Hébert. La vie vous offre, si vous avez de la chance, quelques îlots de sublime et, sûrement, des mers, des continents de niaiseries. Poésie et prose.

Je dis on. Car on c'est nous. Elle et moi. Que je nous présente. Commençons par elle, pour la politesse. Elle est petite — enfin, tout est relatif : elle est petite par rapport à ma première, une grande femme blonde avec des seins tombants magnifiques comme Anita Ekberg dans *La dolce vita*, et quand elle se serrait contre moi de toute sa longueur j'avais l'impression qu'il y avait entre nous un *fit* comme au bridge. (Vous connaissez le bridge ? Non ? Vous devriez. C'est le meilleur jeu après les échecs. Bourgeois, si vous êtes bourgeois…) Petite et brune, solide, genre Gina Lollobrigida. Ces références pour vous dire qu'on frôle la quarantaine, même qu'on la frôle depuis quelques années. On a gardé l'habitude d'indiquer ainsi notre âge.

J'en raffole de ma deuxième, j'en ai pour longtemps. Car j'aime tellement les femmes que je reste attaché très longtemps à la même. Si j'avais modelé moi-même mon propre limon, je me serais créé femme par passion d'elles. Cette phrase de Chateaubriand, que je cite de mémoire, je la pense. Évidemment, si vous creusez, c'est moins beau, on y trouve Narcisse et l'autofécondation… Pas du tout Casanova, pas du tout papillon en réalité, mais papillon à mort en fantasmes, mais ça on n'y peut rien, car l'homme songe à baiser avec *n'importe qui* tant de fois dans une demi-heure, il y a des statistiques. Je suis terre à terre, signe Taureau, le lyrisme n'est pas mon fort. Donc elle est petite par rapport à l'autre, mais je crois qu'elle en a plus dans le ciboulot, l'autre était une affaire de jeunesse. Je l'aime. Tout le monde nous dit que nous formons le couple parfait. C'est redoutable, on n'a qu'à bien se tenir.

Pendant que, partis de Montréal depuis deux jours, nous dévorons l'espace sur la Transcanadienne entre

Sault-Sainte-Marie (The Soo, comme ils disent) et Wawa vers les plaines natales du Manitoba, laissez-moi ajouter que nous souffrons tous deux de fatigue culturelle. Il a fallu venir au Québec pour mettre un nom sur les symptômes d'un mal qu'on éprouvait depuis longtemps. On se sent mieux depuis. Comme quoi c'est l'incertitude et l'ignorance qui vous minent. Ça nous fait une belle jambe, on peut mourir rassurés. Mais on n'est pas sortis du bois pour autant. Car notre fatigue à nous présente la complication d'être double. Notre conversation roule là-dessus pendant qu'on s'en va vers Wawa. Manitobains, on s'est battus à mort pour la Survivance, puis tout sanglants, pansant nos blessures, nous nous sommes repliés sur le Québec. On a travaillé pour le Oui, ce qu'il nous en reste, ce sont, indélébiles, les images à la télévision, le soir fatidique, des nez crochus et des bouches tordues des vainqueurs. Et la parole d'un ami : ils ne savent même pas gagner ! Sur quoi roule notre conversation sur la route de Wawa. Sur quoi on rebaigne dans l'espoir (pas mort, l'espoir, les yeux bandés comme la justice), la haine (toujours vivace) et le ressentiment (congénital).

Le soleil flamboie. J'ai ouvert le toit ouvrant, j'ai mis ma casquette car je ne peux plus sans risque confier le soin de protéger mon crâne au clairsemé d'une chevelure jadis léonine. J'ai une seconde de mélancolie en la calant.

On commence à voir le lac Supérieur. On monte, on descend. De fortes pluies la nuit précédente ont provoqué des affaissements ici et là dans le gravier du bas-côté. Il faut faire attention. On se regarde, on se sourit, on se fait même des choses gentilles qu'on ne peut pas raconter. On reparle. Cette fois du Québec actuel, ce qui me permet de terminer ma présentation. Maintenant qu'on nous dit que le Québec, notre patrie d'adoption, peut devenir indépendant, que c'est faisable économiquement, les hommes d'affaires l'affirment, nous convenons pour la énième fois qu'on est moins intéressés, on trouve que ça manque d'héroïsme, de panache. We are very emotional, pas sérieux, on sait ben.

Je m'emporte parfois, je m'emporte encore une fois, je dis à Laure — je balaye l'air vers l'est du revers de ma main libre : Oublions ça, le Québec est un crisse de fantôme découillé, je cite Miron, pays chauve d'ancêtres, je dis hé ! Laure, tu te rends compte, on naît comme tout le monde avec la condition humaine et inhumaine en partage, plus la canadienne, la manitobaine, la québécoise, où voulez-vous, monsieur Barrès, que je m'enracine ? Allons vers l'ouest, allons embrasser les gens qu'on aime.

Voilà. Pour le tuf, les choses qui comptent, le fond de la complexion mentale, spirituelle, bref l'idiosyncrasie, il y a l'assassinat de Kennedy, les Beatles, le Viêt-nam, tout cela toujours bien vivant loin en profondeur sous le Chinois qui brave un tank place Tiananmen, les effritements à l'Est et l'Irak. Nous aimons Brel, Brassens, Leclerc, Reggiani et Vigneault. Laure est publicitaire, j'enseigne l'anglais dans un cégep, bilinguisme oblige, je ne connais rien à la didactique des langues vivantes, je n'en ai rien à foutre d'une langue seconde qui devient la première, vous devinez mon drame.

Nous sommes des dinks, double income no kids. Et revoilà pendant qu'on file sur Wawa et pendant qu'à la radio de Radio-Canada on nous apprend que les enfants devant la télévision dépensent moins de calories qu'en dormant. On est tout heureux du respect qu'on porte à notre droit d'être bien renseigné. C'est la poésie ce matin.

La Jetta ronronne. Je passe les vitesses, je rétrograde, je double les lambins, je fais mon Villeneuve, mon petit Fittipaldi, je suis au volant le parfait Cro-Magnon nord-américain. Après tout, j'ai une excuse, il faut qu'on se grouille, on ne s'en va pas nous à l'épicerie du coin. Nous en aurons bien assez de trois, quatre jours pour voir, *même en ne le regardant pas*, ce paysage ontarien pittoresque de lacs, d'arbres, de rocs. Quand on pense que c'est à nous tout ça ! Et si vous ajoutez les Rocheuses ! Hé !

Une Jetta *glamourisée* (bilinguisme oblige). Jupe grossie à l'avant, becquet sur la queue (spoiler), deux portières, toit ouvrant et déflecteur, roues en alliage, noire avec une profondeur de brun qui se montre quand elle est garée au soleil, mais moteur standard, pas plus rapide ou dangereuse qu'une autre, mais elle en a l'air. Un peu carrée, pas une bulle comme les récentes. On a ce qu'on a. Je nous imagine du haut des airs serpentant le long des baies et criques du Grand Lac. Je trouve que nous avons fière allure.

On nous annonce Wawa tous les vingt kilomètres comme si c'était la Mecque, le nec plus ultra du site touristique, le point de convergence universel, le but ultime. Nous sommes accueillis à l'entrée par la sculpture d'une oie énorme, symbole de la sauvagine de la région. Rien d'autre à dire de Wawa sinon que c'est une localité dont la laideur moyenne née du hasard n'arrive pas à étouffer autour la beauté du paysage. Je pense en y avalant mon petit déjeuner avec Laure dans un restaurant relais pour camionneurs qu'après tout un arbre au soleil dans le vent, ça excuse tout, c'est assez pour vous rendre la mort intolérable, assez pour le regret poignant de disparaître. Donc, si vous êtes déçus en traversant ce pays de n'y pas voir un nombre suffisant de monuments importants, musées, cathédrales, et de ne comprendre goutte à ce que sont censées commémorer les plaques historiques qui jalonnent votre route, un conseil pour donner du piquant à la vie : rabattez-vous sur les arbres.

A man's breakfast, comme on dit au menu. Jus, rôties, eggs any style, bacon ou saucisses ou jambon, hash-browns, ce dont on se met autant derrière la cravate que n'importe lequel des boulés bruyants autour de nous.

Après Wawa on quitte le lac pour entrer dans les terres jusqu'à Marathon. Quelque deux cents kilomètres de no man's land, de hautes épinettes noires aux silhouettes irrégulières, malingres. Loin de l'eau, le soleil tape plus fort, on se rend compte qu'il fait très chaud. Profitons des longs bouts droits pour faire le point, réglons nos montres, consultons la boussole, c'est-à-dire la carte. Laure est une parfaite copilote. En plus de s'occuper des bagages, des chaussettes, des chemises, de prévoir ce qu'il faut pour un pique-nique, c'est elle qui me dit sans jamais se tromper quand nous entrons dans des villes s'il faut tourner à droite ou à gauche pour ne pas perdre l'ouest. Quant à conduire, non, je ne suis pas l'homme nouveau, ma répartition des tâches est très macho : travail d'homme, conduire ; travail de femme, popote. Laure a renoncé à me changer. Elle dit que jusqu'ici nous avons fait comme prévu : Une première journée de fou, une deuxième raisonnable, qu'est-ce que tu dirais qu'on s'arrête à Terrace Bay ? D'après la carte, c'est en plein sur le lac, et c'est joli comme nom, non ? Il nous resterait demain une autre journée raisonnable pour jusque pas loin de Kenora. Ensuite une randonnée pour nous rendre dans le parc du Whiteshell. Car c'est *le projet*, le but immédiat de ce voyage : louer une *cabin* près de l'un des nombreux lacs du Whiteshell au Manitoba, nous refaire par passer une journée presque complète au soleil avant d'arriver à Sainte-Luce dans la parenté, but ultime. Une *cabin* dans le parc du Whiteshell !

Terrace Bay, bien nommé, joli village sur une petite élévation contre les contreforts de la forêt, dominant le lac, une vraie terrasse. Pour une fois on ne se dit pas qu'est-ce que les gens sont venus faire ici. On a trouvé un motel au nom italien, on mange dans un restaurant italien dont le propriétaire est le même que celui du motel. On mange sous la pendrioche dans le cou, au-dessus de notre table comme une suspension, d'un trophée d'orignal. On ne l'avait pas vu, on le voit, ça nous coupe l'appétit. Après, au motel, on joue une partie d'échecs. Et après, bon, bien sûr, la route nous a tendus, et d'avoir frôlé la mort — vous voyez, nous sommes très ordinaires —, on combine Éros à Thanatos.

Que c'est loin, l'ouest ! On se jure que jamais plus on ne refera ce voyage. Mais entre Terrace Bay et Red Rock, quel paysage ! Quelle route, taillée à même le roc ! On monte, on descend, il faut rétrograder, on surplombe, le lac miroite, on est dans un creux, on remonte, quelle splendeur ! Enfin, c'est en accéléré, tout se passe moins vite que dans cette phrase... Ô lac, rochers muets, Nature au front serein, vous que le temps épargne et qu'il peut rajeunir, arbres ! Nos classiques reviennent à la surface. On fait tourner la *Neuvième* de Beethov, l'*Hymne à la joie* et tout, puis *Shine on You Crazy Diamond*. Le lyrique est à la hauteur de l'épique. Le Québec s'éloigne. Hé ! vive les vacances !

À Kakabeca Falls, après la traversée, passé Thunder Bay, de multiples chicanes en plein soleil torride sur je ne sais combien de kilomètres d'une route en reconstruction, on refait au frais nos forces de pommes frites et d'un appétissant steak de yak. On est multiculturel ou on ne l'est pas.

Près de Raith, on passe de l'Eastern time au Central time. On gagne ou on perd une heure ? « On gagne une heure », dit Laure. Ben oui, le soleil se lève à l'est. Pas loin, une plaque éducatrice pour marquer je ne sais quel point névralgique, genre Great Divide, contre laquelle je pisse comme dans un film français, m'apprend que désormais tout ce qui coule coule vers le nord. Tout heureux d'apporter la contribution de mon petit ruisseau à cette vérité éternelle.

Jusqu'à Upsala, on croise, on double des cent roues chargés de pitoune ! On avait la forêt tout autour, on l'a maintenant dans le pare-brise sous la forme de bouts d'écorce que la force de l'air arrache au chargement de ces poids lourds.

Que c'est loin, l'ouest! On a beau bien dormir, chaque kilomètre franchi ajoute maintenant son poids à ceux de la veille, et ceux de l'avant-veille qu'on croyait oubliés, derrière nous reviennent nous hanter en courbatures. On les a dans le corps, disons poliment qu'on les a dans les fesses et qu'on en a marre de ce sublime continu de forêts, de rocs, de lacs. Quand arriverons-nous au Manitoba, quand arriverons-nous au parc national du Whiteshell?

Looking for English River? That's it! Vous allez à English River? Vous y êtes! nous informe en anglais seulement un énorme panneau à l'entrée de cette agglomération minuscule qu'on avait repérée sur la carte pour faire le plein car on est dans le rouge. Ah! l'humour anglais! En pleine forêt, en pleine sauvagerie, le mot pour rire! Le mot pour vivre, sans doute, car c'est la désolation. Il y a un restaurant, un motel, trois maisons, un poste d'essence heureusement, et une belle rivière au bord de laquelle on va se dégourdir les jambes, qui s'appelle la rivière aux Anglais mais seulement sur la carte, autre forme d'humour anglais.

À Vermilion Bay, autre motel. Hirsutes, hagards, basanés, rouges comme des homards, nous déployons à la réception, pour ne pas se faire fourrer sur les prix, la documentation qu'on a de l'Automobile et Touring Club du Québec. On paye quand même deux dollars de plus que prévu car vous savez tout augmente. Autre orignal aussi. Au moins celui-là n'est pas dans notre assiette. Il est au complet, un mâle entier, même ça est empaillé, grand bien lui fasse, solidement planté sur ses quatre pattes devant la porte du restaurant. C'est un albinos, l'attraction du coin.

Il y a de l'animation. De grosses voitures, de grosses roulottes, de gros campers arrivent, repartent. Dans le restaurant, de gros Américains, parfaitement déguisés en chasseurs et en pêcheurs, de vraies affiches, des cartes de mode racontent à haute voix les péripéties de leur journée, leurs prises, leurs coups de maître ou le nombre de kilomètres qu'ils ont franchis eux aussi, ou leurs déconvenues transformées en occasions de plaisanter. Car ils sont à l'aise, pleins d'assurance, on sent qu'ils sentent qu'ils ont leur place au soleil. Impression née, non pas comme on pourrait le croire naïvement d'une outrecuidance de naissance nationale ou de l'arrogance d'être assis sur des tas de dollars, mais plutôt du fait qu'ils ne se demandent pas, eux, comme nous, qui ils sont, ils n'ont pas l'identité souffreteuse. Ils sont. Comme Dieu le Père. Qui est celui qui est. Ils sont les échantillons d'une humanité libre d'être tout ce qu'elle est, sans retenue, sans réticence, naturelle, pas une espèce de, pas une à la brunante ni chair ni poisson, mais bonne ou conne, nettement, et à plein régime. Leur exubérance nous rapetisse, un brin d'envie nous fait la poitrine étroite. Heureusement un bon vin comme un remède la redilate et émousse l'aiguillon. On parvient même à plaisanter sur la presque honte, le presque sentiment de culpabilité qu'on s'avoue enfin avoir éprouvé en traversant nos vastes étendues de wilderness, de n'être pas chasseurs ni pêcheurs, et pas plus friands qu'il ne faut des merveilles du great outdoors, comme ils disent.

Après, au motel, on joue une partie d'échecs, etchétéra.

À Kenora sur le lac des Bois, où autrefois se rendaient les just married manitobains quand ils ne pouvaient se payer Niagara, autre man's breakfast, décidément l'appellation est nationale. Hé! Laure, nous y sommes presque, aller au Whiteshell ne représente plus qu'une randonnée, comme tu dis.

On y fonce. Juste avant la frontière, le paysage s'ouvre. C'est plat, mais pas encore tout à fait. Bientôt nous verrons loin, nous ne verrons rien et ça sera magnifique! À la frontière, je frétille sur mon siège, si je pouvais je serais debout sur mes pédales, j'entonne l'hymne national de la province appris à l'école : Manitoba, you're the bound that binds our great Dominion east to west from foam to foam. On rit mais c'est pour ne pas pleurer. Cet aperçu du paysage natal nous remue jusqu'au tréfonds, notre passé remonte, l'enfance heureuse, nous entrons en possession de notre durée véritable, et de fouler le sol de l'irremplaçable petite patrie nous rétablit dans une coulée de temps normal. Nous étions tout aplatis, comme vivant à la surface de nous-mêmes, exilés de nous-mêmes, disons cérébraux, secs, nous voilà tout ronds, remplis, unifiés, vivants de la plante des pieds jusqu'au sommet de la tête, enracinés, complets. Laure touche ma main sur le volant, je touche sa joue près de l'oreille. On se regarde. On a la larme à l'œil.

Mais la plaine ne dure pas, car le parc du Whiteshell où nous pénétrons ressemble plutôt à un morceau d'Ontario oublié au Manitoba. C'est-à-dire encore du roc, des lacs, des bois. Maintenant on veut bien. Nous marcherons sur le bouclier canadien précambrien, nous nous baignerons dans un des nombreux lacs, nous regarderons la forêt par la fenêtre de notre *cabin* en soupant, amenez-en de la pitoune!

Laure consulte la carte détaillée du parc, lit le dépliant touristique, gracieusetés qui accompagnent le billet d'entrée. Nous avons tout le temps, il est tôt. Pour le lac, nous avons l'embarras du choix. Il n'était pas question de s'arrêter à Falcon Lake sur la Transcanadienne, ni à West Hawk Lake, ce dont nous convenons encore une fois en roulant vers Brereton Lake, because trop grande affluence de touristes, établissements huppés, trop bien organisés, commerciaux, non, un peu de sauvagerie encore, un peu de solitude, piquons vers le nord, nous avons tout le temps. Nous aurons l'embarras du choix.

Grâce à Laure, j'écoute un documentaire au volant. Le nom de Whiteshell n'a pas été donné au parc d'après le nom de famille de l'ancêtre des premiers habitants dont la trace dans la région remonte à plus de trois mille ans before Christ! Mais de white shell en deux mots, coquille blanche, objet rituel symbolisant la force de l'esprit, le mana dans les cérémonies d'initiation d'une société secrète indienne. Laure est tout heureuse du renseignement, les Indiens c'est sa marotte, elle prend toujours leur défense, elle affirme souvent, toute fière, qu'elle a du sang métis. Elle écoute Kashtin à cœur de jour. Le lieu probable des réunions serait dans le voisinage de Betula Lake. Notre documentation nous apprend qu'il y a là une vaste clairière où l'on a reproduit sur le fond rocheux avec des pierres des serpents et des tortues immenses et, en pierres également, se dresse là le trône du chef. On aimerait bien voir ça. Mais d'abord un gîte. Une fois installés, baignés, restaurés, dégourdis, nous rayonnerons. Le premier lac fera l'affaire.

À Caddy Lake, à Brereton Lake, même affluence qu'à Falcon, qu'à West Hawk. On essaie quand même. Quand on répond que non, nous n'avons pas réservé, on branle du chef, on nous prend en pitié. Qu'à cela ne tienne, allons vers Red Rock Lake. On reprend la route, un peu déçus tout de même que tant de gens aient eu la même merveilleuse idée que nous. Nous nous sentons un peu comme dans un centre commercial le jeudi soir. Il fait chaud, remonter en voiture nous est de plus en plus pénible, cela remet le mal à la même fesse, ranime partout les courbatures. Cette Jetta vraiment est un tas de ferraille.

À Red Rock, pas un chalet n'est à louer. Jessica Lake est tout près. On s'y rend. Nous avons digéré le dépliant. Il y a entre nous un silence tendu et non plus ce silence serein que nous gardons parfois. À Jessica, on branle de la tronche quand on répond non encore une fois à la question posée plus haut, c'est-à-dire plus au sud. Nous trouvons les gens de moins en moins sympathiques.

Entre White Lake où il n'y a rien et Betula Lake vers lequel nos espoirs sont bandés, nous faisons un pique-nique de ce qu'il nous reste de fromage chaud, de tomates chaudes, d'un fond de bordeaux chambré à la température de la Jetta. C'est infect.

Il n'y a rien à Betula Lake, à Nutimik Lake, décidément on rayonne! Puis à Dorothy Lake, où on branle de la moule à claques, de la face à taper dedans quand on répond non encore à la fameuse question. Rien à Eleanor Lake... Mais si! nous dit une dame, ravie pour nous. Venez, dit-elle. L'espoir renaît. On nous montre une *cabin* située à un kilomètre de la plage. Pas de douche mais, grand avantage folklorique, une bécosse comme dans le bon vieux temps. On nous la laisse pour vingt dollars.

Non, non. Quand même. Il faut regagner la Transcanadienne vers Sainte-Luce. Sur le chemin de retour, repassant à Betula, comme je suis gentil, je dis hé! Laure, tu y tiens vraiment à ton site indien?

— Non! Un motel. N'importe lequel. À deux mètres de la Transcanadienne s'il le faut. Mais climatisé!

Nous le trouvons enfin, après en avoir rejeté quelques-uns, à East Braintree, à Mcmunn, à Prawda en nous disant que le prochain serait le bon. Celui-là, à Hadashville, pas mieux qu'un autre, en plein champ, en plein soleil, mais c'est le dernier sans doute avant Sainte-Luce, qui n'est plus qu'à une cinquantaine de kilomètres. Pas question cependant d'arriver dans la parenté dans l'état où nous sommes. On s'accroche à l'épave de notre Grand Projet.

Nous remplissons la fiche. Laure se souvient toujours du numéro de la plaque. Prenons la clef, garons la voiture, comme tout le monde ailleurs, car ici nous sommes seuls, queue vers la porte.

Une nuée, que dis-je, une armée de taons nous accueille. Cette bestiole, comme chacun sait, et on y pense, attaque sournoisement, elle est là, elle n'est plus là, elle est sur votre peau, elle part avec en vous laissant une intense brûlure. Quand on la tue parfois, elle a fait son œuvre. Alors vous imaginez, une nuée ! On ne comprend pas, on regarde autour, qu'est-ce qui les attire, les taons, ça n'est pas grégaire, c'est chacun pour soi, et il n'y a pas une vache, pas un cheval en vue, qu'est-ce qui les a poussés à se liguer contre nous en ordre de bataille ? Qu'est-ce qu'on a fait au bon Dieu ? Et ils sont en bonne santé, ils n'ont pas l'identité souffreteuse, ils n'arrivent pas du Québec, eux, après un long voyage, ils virevoltent puissamment dans le maudit soleil et quand ils s'arrêtent, ils semblent savoir pourquoi. Ils sont partout : contre la porte du motel qu'ils paraissent affectionner, sur la voiture, sur nous.

Grand problème. Comment entrer les bagages sans faire entrer les taons ? Déçus, exaspérés, ahuris par tant de route, on se regarde. Oubliées, disparues l'émotion du retour, la poésie des plaines ! Le contraste entre notre attente, notre rêve et l'amère réalité, l'absurde réalité que nous saisissons en même temps, nous fait éclater en même temps d'un fou rire qui nous tord les boyaux, qu'on se retient de notre main libre, l'autre chassant les taons.

À l'intérieur, les quelques-uns qui ont réussi à rentrer ont perdu leur virulence. Ils ont cessé de vibrionner, ils n'ont qu'une idée en tête : retrouver le great outdoors. Ils se posent, piteux, rampent sur la vitre de la fenêtre contre laquelle avec un rictus de joie sadique aux lèvres je les écrabouille, armé d'un *Winnipeg Free Press* vieux de trois semaines !

Nous sommes affamés. Il y a un relais de camionneurs pas loin. Spécialités frites, hot-dogs, hamburgers. Laure dit qu'on ne peut se tromper, s'ils ne font que ça, ils le font bien. Et c'est plein de camions arrêtés, bon signe, les gens ne sont pas fous. Et a-t-on le choix ? On va y prendre une commande variée qu'on ramène au motel. Délicieux les hot-dogs, super les hamburgers, croustillantes les frites, pas grasses ! On s'était muni au Québec en partant de quelques bonnes bouteilles de vin français au cas où on ne trouverait pas facilement en route chez les liquor vendors autre chose que du Bright's wine, du Sparkling Rose ou autres Baby Duck. Il nous reste un bordeaux, que nous débouchons, le meilleur, gardé en réserve pour, vous savez, le fameux soir dans le parc du Whiteshell ! On l'a fait refroidir dans l'eau dans l'évier. C'est une merveille, il a bien soutenu le voyage. Ses vertus naturelles sont décuplées par notre fatigue. Il nous inspire, nous sommes déchaînés et, je vous le jure, la plaine a tremblé jusqu'aux Rocheuses !

Nous sommes sortis dans la nuit. Nous avons marché dans le champ derrière le motel, nous nous sommes avancés jusqu'au bout de la prairie vers une humble talle de trembles dont la nuit de pleine lune découpait les ombres sur le sol. Nous avons retrouvé la joie du retour au pays natal. Nous nous sommes dit : N'attendons pas demain, n'attendons pas l'avenir, dans un mois, dans un an, pour le savoir, le reconnaître : nous sommes heureux.

Nous avons mis la télévision en rentrant et c'est à ce moment-là que nous avons appris dans les deux langues que c'était jour férié, le 1er juillet, Fête du Canada Day ! Hé !

La coupeuse de guêpes

Après Paris, où Marcel avait remplacé à la FNAC son Saint-Simon perdu dans la collection Folio, après Beaubourg de Pompidou, Versailles le prétentieux et les chaumières bien peignées et très touristiques de Marie-Antoinette à l'ombre desquelles ils avaient pique-niqué, et les jardin et musée de Claude Monet à Giverny, ils avaient vu Chambord et Chenonceaux, et roulaient maintenant sous une pluie fine dans la petite Peugeot diesel, les deux hommes à l'avant, Renaud le Français, Marcel le Québécois ; les deux femmes à l'arrière, Hélène la Québécoise, Claudine la Française, la France et le Québec s'équilibrant — ils roulaient vers le Périgord noir, vers la France profondeue.

Et Marcel, lisant la carte pour son ami français au volant, ou feuilletant un atlas détaillé du territoire français tenant compte de tous les découpages possibles, réapprenait qu'il faut savoir distinguer l'Ancien et le Nouveau régime pour désigner les régions ; que les routes sont tantôt nationales ou vicinales, départementales ou municipales ; qu'elles sont autoroutes ou routes à grande circulation. Il s'y perdait. Tout l'étonnait. La manie, entre autres, de dire le prix d'une chose en francs anciens plutôt qu'en francs nouveaux. Décidément, en France, le passé n'est jamais dépassé. Il attend l'avenir pour avoir encore plus de poids !

Il osait à peine s'avouer être un peu las déjà de ce tourisme de marathonien, de ce *parcours du combattant*, comme disait Claudine, de ces visites à petits pas de musée. Et il pensait que pour qu'il y en ait un noir de Périgord, en toute logique, il en fallait un blanc. Et, en effet, il y en avait un blanc, et même un vert, et même un pourpre. Et, devant la netteté dans le sens de sans bariolage, sans bavure, la propreté aussi de tout, l'ocre des toits, toutes les teintes du beige ; les marronniers, et les platanes écorcés aux troncs lisses et gris le long des routes, les *théories* de peupliers, comme disent les dépliants, les champs de blé et de tournesols de la Touraine ; il pensait aussi que la France n'est pas un campement de maisons mobiles immobilisées, un baraquement planté au hasard dans le décor comme Sainte-Émélie-de-l'Énergie, Laurier-Station ou Saint-Grégoire-de-Greenlay. Et partout, ô merveille ! parlée dans un accent vif et pointu ou chantant et traînard avec des *e* muets qu'on entend, haute et claire, sûre d'elle-même, natale comme si on n'avait jamais eu à l'apprendre, une seule langue : le français. Le français français.

Ils avaient réservé de Paris par minitel une chambre à Braslou, minuscule village où, à défaut de l'hôtel de la Poste ou de la Gare, ils avaient eu celui du Commerce. C'était pour le lendemain voir le château de Saché, la demeure de Balzac, celle natale de Rabelais et des œuvres de Calder ; Fontevrault-l'Abbaye, des habitations de troglodytes et, s'il restait du temps, visiter quelques chais pour goûter aux vins de Chinon. Et pour lors, dans la salle à manger de l'hôtel de Braslou, pendant le temps d'un exquis whisky bénéfique après la route éreintante sous l'averse, la parole d'un authentique glaiseux de la place : c'est pas qu'il fait chaud, mais on ne peut pas dire que c'est froid. Pays de Descartes !

Marcel avait longtemps eu des velléités d'écriture et, allant à contre-courant — ces Français fendants, plus connaissants que tout le monde, toujours gesticulant, et comme toujours en colère, en rogne pour parler comme eux, et on ne comprenait pas ce qu'ils disaient dans leurs films — du fond de son village de Sainte-Luce au Manitoba, ce bout du monde de la francophonie, aimé, vénéré la France comme père et mère, idolâtré Hugo, lu les *Lettres de mon moulin* en rêvant de la Provence ; pour lui, voir la France, c'était vraiment faire un pèlerinage aux sources. Et dans cette traversée de paysages sans cesse changeants, sans jamais rien qui ressemble à un cimetière de voitures — des vieilles choses certes, mais jamais des vieilleries —, il éprouvait malgré l'usure de la chienne de vie, *l'emmerdeveillement* de l'existence comme il disait parfois, l'excitation et l'angoisse douce, la fébrilité de l'amant qui dévêt sa maîtresse, son adorée.

Hélène sa femme, son adorée oui, mais plus tout à fait maintenant autant qu'avant, l'avait suivi, tout heureuse que pour une fois les vacances ne se passent au milieu des plaines fertiles dans la parenté des deux bords.

Ils avaient songé d'abord à louer pour trois semaines une maison dans le Midi. Mais, cédant à l'insistance de Renaud et de Claudine, au péremptoire par téléphone *Non mais, qu'est-ce que c'est que cette histoire, vous venez chez nous*, ils avaient renoncé à leur projet et plutôt accepté leur hospitalité.

Après leur arrivée, Hélène et Marcel fourbus par le vol de nuit presque sans sommeil depuis Montréal, dans le trajet à travers Paris à partir de Charles-de-Gaule vers leur banlieue à eux les Français près de la forêt de Sennart, Renaud avait dit à Hélène, en incluant Marcel dans la question : Vous avez un projet ? Que voulez-vous voir ? Et Hélène avait dit à Renaud : C'est ton pays, Renaud, tu te piques de le connaître, si tu nous le montrais. Les deux couples ne s'étaient pas revus depuis douze ans. C'est long, douze ans. Aussi y avait-il un flottement, de la friture sur la même longueur d'onde. Ils s'étaient connus au Niger à titre de coopérants, néocolonialistes, Renaud en prof de maths au lieu de son service militaire, Marcel dans le même lycée en prof d'anglais, pas missionnaire du tout, pour le double salaire, liquider les dettes, et la prime d'éloignement. Aussi les retrouvailles étaient-elles un peu gauches. Ils parlaient du passé. Car comment renouer après douze années d'absence, quand on ne sait si on s'est aimés vraiment ou rapprochés uniquement à cause de l'ennui et de l'exil, sinon à partir de communs souvenirs d'harmattan, de Peuls et de Touaregs, de cavaliers haoussas et djermas sur leurs chevaux arabes, petits mais hauts en couleur, richement caparaçonnés et défilant par les rues de la capitale le jour commémoratif de l'Indépendance ; d'une Nativité fêtée en compagnie d'un Guinéen exilé volontaire du régime de Sékou Touré, prof de karaté très noir déguisé en père Noël avec barbe blanche et distribuant cadeaux sous un épineux, ersatz de sapin coupé dans la plaine de Kollo près de l'aéroport ; l'âne et le bœuf grandeur nature trouvés errant près des cases. Et dromadaires blatérant dans la brume de sable ! Et les deux femmes riaient, se rappelaient qu'alors elles étaient tout juste bonnes à aller au marché, au Petit et au Grand, à marchander, comme il se doit, la botte de radis et le filet de zébu, et elles avaient pour surnoms madame Paris et madame Canada !

Entrons par effraction dans la petite Peugeot diesel, car pourquoi feindre ? celui qui sait tout, celui qui tient la plume pour le plaisir de la belle encre noire qui en sort et le mouvement très jouissif de gauche à droite sur la page blanche, et qui tape ensuite sur le clavier froid de l'ordinateur et met en branle l'imprimante et ses bruits de rechignements pour voir de quoi ça a l'air quand ça ressemble à peu près à la page d'un livre — pourquoi feindre ? C'est Dieu le Père dans son nuage, celui qui sonde les reins et les cœurs, qui voit tout, sait tout, il a des yeux tout le tour de la tête, mais il a une préférence pour Marcel en qui il a mis toutes ses complaisances, et c'est par ses yeux surtout qu'il voit — Dieu injuste. Et ce qui l'intéresse pour l'instant, lui, le Tout-Puissant, ce n'est pas l'avenir brumeux que pourtant son regard transperce, car ses yeux, comme dit le poète, plongent plus loin que le monde réel, yeux de lynx, ce n'est pas la catastrophe et le jour de leur mort à ces quatre, mais leur présent fatal, l'ici et le maintenant, le *hic et nunc* — il est aussi philosophe —, non, c'est l'espace-temps où ils se débattent dans leurs terribles petites angoisses recroquevillées, les secrets, les peurs avec pour contrepoids ou contrepoint les joies et les plaisirs modestes, la détente que procurent les bonnes choses de la vie comme cet exquis whisky bénéfique à Braslou après la route éreintante sous l'averse — Dieu cruel. Ce qu'il voit, sait et entend, c'est que dans le huis clos de la petite Peugeot diesel, sur fond d'un coin de France magnifique, échantillon, résumé pour Marcel de la splendeur du monde, il y a un malaise, et c'est dire peu. On roule mais pas comme sur des roulettes, tout ne baigne pas dans l'huile, le roulement à billes s'effrite et ça grince, les cardans sont peut-être troués et des grains de sable s'y glisseront comme dans l'uretère de Cromwell, et la face du monde sera changée! Comme c'est Marcel qui pense que les deux couples qu'ils forment ressemblent à une bagnole qui a accumulé beaucoup de kilométrage, Dieu lui laisse la responsabilité de ces métaphores baroques.

Un malaise, disons. Car Renaud dit souvent à Claudine sa femme: Mon cœur, ma femme adorée, beauté fatale, tu sais que tu peux tout me demander, mon petit lapin, je suis ton esclave d'amour, et chaque fois les circonstances sont telles que cela veut dire: Ne me dis rien, ne me demande rien, tu m'emmerdes, tu me fais chier. Et Claudine, de connivence avec Hélène à l'arrière, lui communique l'incommunicable, le pas disable, en écrivant sur son bloc-notes miniature qu'elle lui refile ensuite, ce que Marcel apprendra plus tard, rien de gentil, des choses comme : Il dit des conneries, mais t'as rien entendu encore, lui peut faire grincer les vitesses, abîmer les pignons parce que c'est LUI. Si c'était moi, j'aurais droit à un discours, à une philippique comme il dirait, grand cultivé classique. Ce qu'il est chiant ! Ou bien : Je ne sais pas pourquoi il demande sa route à Marcel, si on tourne à droite ou à gauche, puisqu'il connaît par cœur toutes les routes de France ! Mais tu verras, qu'il commette une erreur, il trouvera bien le moyen de démontrer que c'est de ma faute !

Défilent les marronniers, les platanes et les *théories* de peupliers.

Poitiers, où en compagnie d'un groupe dense de touristes, savants de la veille, l'œil encore vissé sur leur Michelin, ils s'ébahissent de concert devant les beautés de Notre-Dame-de-la-Grande et se demandent s'il n'y aurait pas au frontispice, sur la façade ou au tympan — Marcel que terrorise la terminologie technique des cathédrales ne sait jamais s'il faut dire ceci ou cela — un Christ ou une Vierge en majesté ou en gloire, expressions qui témoigneront éternellement de leur culture à tous et de leur érudition.

Puis Limoges, où chacun, après avoir admiré des porcelaines sur les lieux mêmes de la chose de porcelaine en soi, mange un poisson servi avec sa tête. Et les yeux de Marcel se révulsent devant ceux, éteints, du poisson mort.

Quand ils font un pique-nique, il n'y a pas de maringouins, pas de taons. Il y a des guêpes, spécialité française. Hélas, l'été n'est parfait nulle part. La première fois, pour ce qui est des guêpes, c'était entre Paris et Giverny. Ils se sont arrêtés à l'orée d'une forêt aux limites d'un champ de blé dont Marcel suppute le rendement à l'hectare comme autrefois son père à l'acre dans la plaine de Sainte-Luce, en froissant dans sa main une grappe d'épis mûrs. Geste purement mécanique, mimétique en souvenir du père. Comme il n'a pas sa science, il ne sait pas conclure. Il est tout près de la voiture garée sous les arbres. Il entend Claudine crier, qui déballe et prépare et étale sur la nappe étendue sur l'herbe, en compagnie d'Hélène, en bonnes vieilles épouses antiques pour leur mari — Dieu est macho — tout ce qu'il faut pour le repas : Ah ! ces abeilles ! Et Renaud, criant lui aussi, la voix si grosse qu'on est amené à vérifier si elle provient bien de son exiguë cage thoracique de feluette, la corrigeant, professoral, avec la hargne et le mépris très français pour tout ce qui n'est pas intelligent, et titillé peut-être par l'espoir de la mettre en boîte, autre spécialité française : Mais non Claudine, beauté fatale, ce ne sont pas des abeilles, mais t'énerve pas, mais les petites bêtes ne mangent pas les grandes, mais tu t'agites, tu les affoles, laisse-les tranquilles, tu les provoques avec tes moulinets, elles vont te piquer ! Tu leur fiches la paix, elles te fichent la paix ! Ce que tu es conne, comment ai-je pu m'amouracher d'une femme pareille ? Il prend Dieu à témoin, les champs, le soleil de l'été splendide, la France, l'univers. Marcel s'est rapproché encore et, ne sachant trop s'il faut prendre au sérieux ces violences verbales ou les attribuer au caractère français, pensant : Bon, ils s'engueulent ça ne veut rien dire au moins ils se parlent, mais trouvant qu'il y a tout de même disproportion entre la cause et l'effet, plaisante à tout hasard, dit à Claudine, pour dissiper, comme dit son poète préféré, la nuée au flanc noir : Ce ne sont pas des abeilles, Claudine, elles ressemblent un peu aux guêpes, soit, mais tu sais, Claudine, les guêpes se reconnaissent à ce qu'elles ont une taille de guêpe, leur taille de guêpe étant plus prononcée chez elles que chez l'abeille. L'attache est si minime entre le corselet et l'abdomen. Elles sont moins dorées. Elles sont zébrées de jaune et de noir. Picotées. Elle ne comprend pas picotées, pourtant français, Dieu a vérifié. Qu'espère-t-elle de ce couteau qu'elle brandit, contre des guêpes ?

Ils mangent. Le vin est bon, le jambon aussi, et les fromages, et les tomates dont raffole Renaud ; comme les pâtés, le pain. Les bonnes choses de la vie.

Ils ont trouvé pied-à-terre et centre de circonférence pour trois jours à Gignac, autre charmant village, cette fois à l'hôtel de la Poste, près de Souillac, près de Bergerac, du gouffre de Padirac, près de la reproduction au millimètre près des grottes de Lascaux, pas loin de Rocamadour et de Collonges-la-Rouge, pas si loin du château fort de Bonaguil, situé entre Périgord et Quercy, tout cela qu'ils verront, en plus d'assister quelque part au gavage des oies, s'il reste du temps. C'est le programme. Puis ils regagneront Paris et leur banlieue à eux les Français près de la forêt de Sennart, en passant par Albi, Millau et les causses de Montpellier-le-Vieux, puis Nîmes où Claudine a un frère exilé du nord près de Lille, et le pays de Giono; en passant par Lyon, Autun et Vézelay dans la Bourgogne. Puis Chartres. Ouf! voilà le programme. Puisqu'on lui a donné carte blanche, Renaud en a décidé ainsi. C'est lui le roi de ce voyage.

Renaud est brun. Il a une moustache très noire. Il est petit. Son gabarit a été programmé pour sa Peugeot comme sa Peugeot pour son portail, où elle passe tout juste. Il est petit sauf quand il parle. Alors sa voix magnifique, invraisemblable organe, orgues dans ce corps, dont il joue, remplit, s'il le veut, la chambre où l'on trinque, la terrasse sur laquelle donnent leurs chambres, ou même d'assez vastes espaces ouverts où l'on trinque encore car en France tout s'arrose.

Tous les matins, à Gignac comme partout ailleurs, il est le premier prêt, rasé, ayant pris le petit déjeuner complet sans attendre les autres, ayant approché la voiture sur la ligne de départ, et il lit une volumineuse biographie récente de Marcel Proust, qu'il appuie sur le volant transformé en lutrin, en donnant tous les signes visibles d'une impatience qui se contient. Et ainsi passe le message d'impatience et, puisque celle-ci est contenue, celui de gentillesse. Il est mycologue, ses rapports et communications sont très appréciés dans les cercles spécialisés, enfin *étaient* puisqu'il a quitté cette passion des champignons pour d'autres et qu'il est maintenant informaticien, généalogiste de son arbre, spécialiste de toutes choses précises, spécialiste de la France, despote éclairé. Dieu qui n'est pas romancier, Sartre dixit, croit qu'il faut dire maintenant ces choses sans attendre les aléas du récit, les entourloupettes narratives. Marcel rage. Ont-ils pour cicérone le plus détestable de tous les Français ?

Il faisait chaud, écrasant. Les obscènes cigales en se grattant le ventre faisaient entendre, comme l'écrit Daudet, leur cri strident; cigales, pour Marcel rivales exotiques des ouaouarons.

Feraient-ils ce que font tous les touristes ? Seraient-ils touristes à ce point ? Descendraient-ils dans le gouffre de Padirac ? Pourquoi pas, une fois partis. Simple concession aux goûts communs, intermède amusant entre des sites à voir plus solides et valorisants dans le bavardage des retours de voyage.

Croyant savoir ce qu'ils faisaient, ils y descendirent donc, dans ce gouffre, énorme cavité naturelle, bouche immense, vaste vagin, dans le royaume de la mort, d'abord par deux ascenseurs, puis par des escaliers taillés à même le roc, en passant ensuite par une galerie conduisant jusqu'à un embarcadère au bord de la rivière souterraine sans une ride, où les accueille dans sa barque un nocher hilare, lequel a depuis longtemps apprivoisé par l'usure de sa tâche, banalisé par l'habitude le mythique et le symbolique, Charon de comédie désormais, comme rédacteur publicitaire devenu expert en laminage de l'inconscient collectif, et qui attire leur attention pendant la promenade sur la rivière, dans son invraisemblable clownesque parodique accent du Midi, sur les stalactiteux et les roches fantastiqueues, dont il débite les noms, et il a lu Michel Leiris dans *Fourbis*, qu'il cite, et peut-être plaisante-t-il en toute bonne foi, car il bardasse la barque, la brasse en faisant mine de la vouloir faire chavirer en disant que l'eau sous eux a tant de mètres de profondeur, et ça n'est pas vrai ; peut-être veut-il ainsi rassurer et détourner de l'essentiel ces naïfs touristes saisis, transis, paniqués, à l'exception, comme partout ailleurs dans le monde, d'une majorité de pachydermes impénétrables — saisis, transis, paniqués, perdus entre le double vertige du zénith de la voûte et le nadir de son reflet dans l'eau de la rivière souterraine, plongés dans leurs propres profondeurs abyssales, dans l'angoisse animale du vivre et du mourir, non plus seulement chair et esprit, mais corps et âmes liés, complets, absolument vivants, gouffres eux-mêmes, et Dieu lui-même s'émeut et sa sérénité sérénissime se trouble et sa phrase qui voudrait tout capter de leur émoi s'affole et se dévisse et ne sait plus trouver son point final.

« Non mais ! dit Renaud, combien de fois faut-il te dire que ce ne sont pas des abeilles mais des guêpes, beauté fatale ? Tu t'énerves, tu les provoques avec tes moulinets. Ce que tu es conne, mon petit lapin ! Tu leur fiches la paix, elles te fichent la paix ! Comment ai-je pu m'amouracher d'une femme pareille ! » Il prend Dieu à témoin, les canoës et les kayaks des vacanciers et touristes sur la Dordogne près de Beynac, le soleil de l'été splendide, la France, l'univers. Mais cette fois-ci sa voix s'est faite toute petite, haut perchée, un mince filet de violon plaintif et câlin, recto tono comme celle d'un correspondant de radio ou de télé au bulletin de nouvelles, lequel raconterait en voulant susurrer la conjonction sensuelle entre le ministre de l'Intérieur et une belle espionne de l'Est, sa voix de désir sans doute et non plus celle de la nuée au flanc noir, sa voix d'arc-en-ciel et de colombe de la paix.

Qu'espère-t-elle de ce couteau qu'elle brandit contre les guêpes? Ce qu'elle espère? Une guêpe s'est posée sur une tranche de jambon, à quoi elle s'agglutine comme une amante forcenée au corps de son amant, paralysée de désir et de jouissance, se gavant des sucs de la viande, tout entière à sa proie attachée, insensible à tout ce qui compose le vaste univers, qui lui est d'ailleurs favorable, bonté, demeure tranquille, à l'exception toutefois de ce couteau dans la main de Claudine, lequel s'abaisse lentement et sûrement, dont rien ne fera dévier la course, couteau comme mû par le poids immense d'une volonté inexorable, et c'était écrit de toute éternité, et la guêpe, au moment où le couteau atteint et tranche le fil ténu entre le corselet et l'abdomen, est séparée, dit Claudine triomphante, de sa taille de guêpe! Et Claudine regarde en souriant les deux tronçons palpiter et mourir. Et mange ensuite la tranche de jambon fatale! Et sourit à Renaud qui hoche la tête, désapprouve, qui mime une insondable tristesse, puis la résignation du sage dont les bras tombent devant les décrets du destin. Mais Claudine lui continue son sourire, elle le fige sur son visage, ce sourire, l'y maintient de force. Il y a là défi, pied de nez, nul besoin d'être Dieu le Père pour le savoir.

Ils mangent. Le jambon est bon, et les fromages et les tomates, et ce vin de Cahors épais comme la terre. Les bonnes choses de la vie.

« Ah ! Bonaguil ! » dit le guide. Il est petit sous son chapeau de paille de Maurice Chevalier, musclé, jeune vieillard que des années d'efforts, sans doute inspirés par l'honneur, la dignité, la fierté et le refus de crouler ont gardé droit comme un piquet ; les cheveux qu'on voit rares quand il enlève son chapeau pour s'aérer, blanchissants, ébouriffés et longs sur la nuque ; nez d'aigle, Gilles Vigneault miniature. C'est lui qui a parlé le premier des obscènes cigales qui se grattent le ventre à qui mieux mieux, pour protester avec humour et par empathie avec ces touristes de son quart, si l'on peut dire, contre la chaleur torride de ce jour. Il est intarissable, verbomoteur, c'est-à-dire que plus il parle plus il parle, ses mots, ses bons mots résonnent dans la barbacane, ses formules lapidaires. Il explique son château, *son* château puisque depuis dix ans il est là. Il dit qu'il s'excuse, même s'il pourrait faire mieux en s'appliquant, de citer presque mot pour mot certains passages d'un texte qu'il a écrit en guise de préface à une *Poétique du château fort*. « Ventre de pierre, dit-il, le château annonce dans le monde morphologique un indéniable anthropomorphisme. Les centres nerveux émanent de la tête qu'est le donjon. Symbole de virilité, le château fort est érection, superbe levée, morphologie d'organes de tension et de défi, montée de volonté alliée à un désir fou de perforation céleste. Le donjon domine cette poussée, le donjon — il n'y a rien d'excessif à voir dans ce fuseau une réminiscence phallique —, le donjon est tel un membre magnifique, gros des forces internes de ce corps à la recherche de l'orgasme libérateur. » Ensuite pour rassurer, ou apprivoiser et ne pas perdre tout à fait ceux-là parmi les touristes de son quart qui, déconcertés, ahuris, ne comprennent goutte à son bagout freudien, surréaliste, il erre, digresse, ironise, ouvre des parenthèses sur le monde moderne, les parents cons, l'école conne — il ne prononce pas ces mots, il est très fin, c'est Dieu qui traduit —, il résume l'histoire du monde depuis l'âge de la pierre et des cavernes et de la roue jusqu'à l'ère et l'aire — Périgord et Quercy — du pâté de foie gras et du confit de canard. Un touriste français désespéré dit : S'il continue ainsi nous en avons pour deux heures encore !

Il s'appelle Alex Mons. Marcel jubile. Ce qui sort de la bouche de ce diable de petit homme, entre Périgord et Quercy, est une fête de paroles et d'esprit, et il rêve lui aussi, Marcel, comme le donjon, à l'orgasme libérateur, mais ce n'est pas pour ce soir ni pour demain, et il se voit en attendant, pour se consoler, comme Breton, un château à la place de la tête. Celui qui sait tout, voit tout hoche la sienne dans son nuage. « Ben oui, dit-il, on sait ben. »

Alex Mons a accepté de pique-niquer sur le Lot près de Fumel avec ces touristes qui l'admirent. Le jambon est bon, comme bons aussi les œufs durs, les fromages, les tomates, les pâtés et le vin de Cahors. Et Claudine, aguerrie, sûre d'elle-même maintenant, avec un petit sourire sadique pour accompagner le couteau inexorable qui descend, coupe une guêpe comme à Beynac, selon le même manège. Renaud se renfrogne mais cette fois-ci ne dit mot. Cet inconnu, spécialiste d'un château fort et qui parle si bien, l'intimide. Quant à lui, Alex Mons, il s'amuse comme un fou du combat de Claudine avec les guêpes et, comme il sait sa ressemblance avec Vigneault qu'il a vu en spectacle à Paris, il se met à l'imiter, se désarticule, se dégingande à la manière du barde québécois, bras et jambes trépignent, revolent, le nez d'aigle fend l'air, la crinière sur la nuque flotte, il refait la danse à Saint-Dilon, la voix grince, s'éraille, s'essouffle, et c'est un peu le Québec qui se tient debout et vibre en pleine France profondeue pendant que les obscènes cigales se grattent le ventre. Un poignant sentiment de nostalgie et d'exil étreint Marcel. Il écoute la voix québécoise dans la voix française, les deux si semblables, si apparentées dans leur génie, différentes, mais fraternelles. Il s'abandonne sans critique à son sentiment, à son émotion, à cette idée. Il se redit les merveilleuses paroles du plus beau livre : nous sommes une race qui ne sait pas mourir. Nous avions apporté d'outre-mer nos prières et nos chansons... la splendeur et la force barbare du pays neuf... la vieille langue. Puis, comme trop c'est trop, sa naïveté craque et il s'adresse un sourire intérieur pour reconnaître et saluer en lui ironiquement le rétro qu'il devient, ringard, gaga ma foi du bon Dieu !

Alex Mons fait la cour aux deux femmes dans son français juteux beau comme la France. Elles se laissent faire, c'est-à-dire qu'elles l'encouragent un peu. Après tout, ça n'est pas désagréable et ça n'arrive pas tous les jours. Ah! ces Français galants, l'amour toujours l'amour. Vieux Casanova, vieux Don Juan, il a un donjon dans son pantalon, pense Marcel.

Ils ont vu Rocamadour et Collonges-la-Rouge, et la réplique des grottes de Lascaux, et la cathédrale en brique d'Albi, la merveilleuse cathédrale, puis Millau et les causses de Montpellier-le-Vieux, autre vertige, et défilent les peupliers et les platanes aux troncs lisses et gris; puis Nîmes et la Maison carrée, vestige romain, et le frère de Claudine exilé du nord et sa belle gentille femme du sud, et ils roulent maintenant, passé Lyon, dans la petite Peugeot diesel, Marcel le Québécois et Renaud le Français à l'avant; Claudine la Française et Hélène la Québécoise à l'arrière, la France et le Québec s'équilibrant, ils roulent vers Autun, Vézelay, Chartres et Illiers rebaptisé Illiers-Combray en l'honneur de Marcel Proust. Vers Paris et leur banlieue à eux les Français près de la forêt de Sennart. Ouf! ça ne sera pas trop tôt, torrieu, enfin, merde, maudit, oh là là, crisse! Ce que chacun selon son idiosyncrasie pense sans le dire. Tous ces petits pas de musées et de châteaux et de cathédrales, pense Marcel, ce parcours du combattant, car les bonnes choses à trop fortes doses usent et fatiguent presque autant que les mauvaises, le sublime continu ennuie. Lassitude et fatigue à quoi s'ajoutent pour les décupler l'énorme tension accumulée pendant ces deux semaines de quasi-cohabitation, sans compter la chaleur de l'univers externe transformant la petite Peugeot en cocotte minute, le malaise toujours présent, et c'est dire peu;

Renaud criant ou susurrant des mon amour, mon petit lapin, beauté fatale ironiques pour parler à Claudine, et le silence à perte de vue comme en hiver sur la plaine du Manitoba entre Marcel et Hélène, aussi pour communiquer, comme on dit.

Enfin! la forêt de Sennart et l'assurance qu'on n'en bougera pas, se dit Marcel, pendant deux jours avant le retour au Québec, le pays splendide et barbare.

Sorte de veillée d'armes. Repas d'adieux. Renaud mange. Et quand il mange, il mange. Il mange en crisse, lui si petit, se dit Marcel. Où met-il tout ça? Il enfourne les rouleaux impériaux, le riz et de larges portions de tous les plats divers très fins, poulet et bœuf de toutes les façons, porc laquée, poulet et porc aux pousses de bambou, crevettes, amandes, etc., avec les baguettes, qu'il manie de main de maître. Spécialiste aussi des baguettes. Il est en verve, il plaisante, sa voix parcourt tout son registre, du plus grave à l'aigu. Comme toujours, il choisit les vins. Il connaît tous les vins de France.

Et même s'il s'était un peu usé tout au cours du voyage, ils parlaient du passé, de leur passé de coopérants au Niger, de néocolonialistes, pense Marcel. Car comment renouer après douze années d'absence, quand on ne sait pas encore si on s'est aimés vraiment ou seulement rapprochés par la nostalgie et l'exil, le choc culturel, sinon à partir de souvenirs communs d'harmattan, de Peuls derrière leurs troupeaux en marche vers le grand fleuve pour les abreuver, de Touaregs, litham sur le nez et attendant le feu vert dans leurs Land Rover avenue du Général-de-Gaulle ; de cavaliers haoussas et djermas si fiers si beaux défilant par les rues de la capitale le jour commémoratif de l'Indépendance ; et de ce restaurant de Niamey, la baie d'Along, où comme ici dans leur banlieue à eux les Français près de la forêt de Sennart, le propriétaire très ancien, chenu et décrépit, était amoureux, comme dans la chanson, de sa Tonkiki sa Tonkiki sa Tonkinoise.

Dieu, qui dort parfois comme Homère, ne sait pas pourquoi Renaud et Marcel se mirent à parler de Césaire, comme ça, à brûle-pourpoint, sans crier gare, sujet survenu comme un cheveu sur la soupe, arrivé des nues — out of the blue, comme disent les Américains —, ce bleu où pourtant Il trône. Était-ce d'avoir évoqué un pays du tiers monde, l'association de fil en aiguille entre tiers monde et son porte-parole le plus autorisé à travers le monde, et non seulement des nègres mais de tous les humiliés et offensés de la planète, Césaire ?

— On aurait dû le fusiller, le passer par les armes pour trahison, dit Renaud.

— Le fusiller ? Césaire ? J'ai bien entendu. Le fusiller ? Césaire !

— Le fusiller. C'est un violent, un ingrat. La France lui a tout donné, et même sa gloire littéraire. C'est elle qui l'a éclairé dans sa nuit. Il mord la main qui l'a nourri, sale oiseau qui chie dans son nid !

— Nourri ? dans son nid ! dit Marcel. Éclairé dans sa nuit ? Dans la nuit de sa peau, peut-être ? Son nid ? Nourri ! Oui, nourri, abreuvé de votre violence à vous, de votre outrecuidance. Car il y a plus d'une façon d'être

violent: en actes, oui, mais aussi en mépris, en condescendance, en abus de toutes sortes, qui tuent mieux
qu'un fusil dans la main, qu'une bombe. Merde Renaud !
Bien sûr, il vous gêne. Il n'est plus le bon nègre à son bon
maître. Pas moyen d'être paternaliste avec lui. Il vous
fait chier en un français superbe. Césaire est comme
notre Miron à nous, son destin personnel fondu au destin collectif. Comment peux-tu t'en prendre à cet homme
admirable ? Serais-tu partisan de Le Pen ? Et avec lui tellement à droite que vous disparaissez de la carte, nuls,
on ne vous voit plus. Merde Renaud. C'est pas possible !

Ils avaient beaucoup bu, whisky, vins, saké, sifflets,
trous normands, tournaient en rond, se répétaient
comme des ivrognes, l'un voulant enterrer l'autre non
par raison mais par violence, tonitruance. Allaient-ils se
prendre à la gorge ?

En bonne hôtesse, Claudine intervint en montrant le
ridicule d'en venir presque aux coups sur un sujet
dépassé, digéré depuis longtemps, réglé, hors de toute
actualité, farfelu, non mais !

— Toi, tu te tais, dit Renaud, ou je te divorce.

— Eh bien vas-y, dit Claudine, la belle affaire ! La
délivrance ! Qui trouveras-tu pour me remplacer, qui
voudra de toi, sombre buse, et je suis gentille. Ce que je
pourrais dire ! Tu es ignoble !

Avant Charles-de-Gaulle, Renaud a tenu à leur faire
voir encore une fois Paris dont il connaît, bien sûr, toute
l'histoire. Marcel rage. Il s'inquiète de l'heure du départ,
des bouchons possibles. Il s'en fout de la colonne Ven-

dôme, de l'arc de Triomphe, des Champs-Élysées, des perspectives inouïes, du Trocadéro, de Notre-Dame, de l'urbanisme génial, des quais de la Seine. Partons vers le pays splendide et barbare !

Dans l'avion, ils regardent Depardieu égaré dans un film con américain. Ensuite, ils mettent les écouteurs. Mozart, Pink Floyd, Serge Lama, etc., au choix. Quand ils les enlèvent, Hélène dit à Marcel : Un jour je reverrai la France. Dans de meilleures conditions. Puis, sans transition — mais c'est Dieu qui traduit, car elle n'est jamais vulgaire quoique ayant son franc-parler : Quand tu bandes dans mes fesses la nuit, que tu me piques en posant ton gros nerf dans ma raie, tu te masturbes, tu penses à l'autre ! Je suis au courant de ta liaison. Puis, dit-elle, pour te citer — à quoi Dieu ne change rien —, ça tue mieux qu'un fusil, une bombe.

Marcel savait qu'elle savait. Il rêvasse. Il sourit en pensant à Claudine qui coupe les guêpes.

Et Dieu qui aime le malheur, parce qu'il est toujours du côté du plus fort, rigole dans son nuage.

L'avion planait très haut dans le ciel limpide.

Claudia Cardinale

Une œuvre où il y a des théories
est comme un objet sur lequel on
laisse la marque du prix.

MARCEL PROUST

C'était à Ayorou sur le fleuve Niger, à quelque deux cents kilomètres de Niamey.

La bouteille de Johnnie Walker circulait entre les hommes d'un coin à l'autre de la table de la grande pièce du campement où nous allions tous passer la nuit. Les femmes buvaient du gris. Comme il nous arrivait souvent, nous parlions d'art et de littérature. Cette fois-ci, cela avait commencé à partir d'une photo de Claudia Cardinale prise par Karsh, vieille de plus de vingt ans (la photo), que Marcel traînait partout avec lui et qu'il avait sortie de ses paperasses. C'était son fétiche.

Nous voulions voir des hippopotames et on nous avait dit que c'était l'endroit du pays et peut-être le lieu du monde où nous avions le plus de chances d'en apercevoir. Nous avions fait le voyage à partir de la capitale nigérienne portant mouchoir sur la bouche et sur le nez en guise de litham et on avait convenu en cours de route que, s'il n'y avait pas moyen de vérifier en quoi et comment de se couvrir ainsi le bas du visage pouvait vous protéger contre les esprits malveillants, c'était au moins très efficace contre le nuage de sable que soulevaient les véhicules sur la piste de latérite. C'était pour rire, pour jouer aux touristes, ce que nous n'étions pas, mais coopérants. Moi, je disais néocolonialistes, point de vue qui ne faisait pas l'unanimité, ce qui n'empêchait qu'il y avait grand débat entre nous pour établir et justifier ce que nous étions venus faire dans ce pays. En attendant des réponses à notre profond questionnement, à notre angoisse existentielle, pas trop pénible, somme toute, et plutôt décorative, du genre qui vous fait l'âme grande, on se disait qu'il y avait plein de choses formidables à voir, à apprendre, à comprendre, et qu'il fallait en profiter. Ayant tâté un peu de tout le reste, nous en étions aux hippopotames ! En réalité, les hippopotames, on s'en foutait, ces bêtes laides, préhistoriques, cette excursion était pour nous l'occasion de se retrouver entre amis pour une trêve de week-end dans notre travail de profs. À défaut des hippos, nous aurions au moins le dimanche, le lendemain, qui était jour de marché. Chacun sait qu'il n'y a rien comme un jour de marché en Afrique. C'est remuant, haut en couleur. Très typique, très touristique. Prenez des photos.

Nous avions fait le tour des îles en pirogue, admiré des greniers en forme de ruches d'abeilles. «Pour voir des hippos, il faut se lever à six heures», nous avait dit le piroguier, un Haoussa en grand boubou d'apparat dont sans arrêt il rajustait les pans sur ses épaules, très stylé, prêt pour Versailles ou le Château Frontenac. Puis quand nous fûmes revenus sur la rive près du campement, les boys avaient égorgé le mouton, lui avaient enlevé prestement sa mince toison, aussi facilement qu'on retire des collants, comme on pèle une orange. Puis méchoui précédé de scotchs coloniaux et arrosé de gris de Boulaouane. Puis vingt minutes de crépuscule. Et brusquement c'était la nuit.

Une nuit de pleine lune qui faisait mieux voir que la lumière aveuglante du soleil tout ce que portait le paysage, hommes, bêtes, fleuve rempli d'astres, épineux, en dessinait les contours et recouvrait l'infini rugueux du Sahel comme d'un velouté, d'une tendresse de femme, le ramenait à des proportions humaines acceptables, sans vertige. S'élevait maintenant, bien qu'elle n'eût jamais cessé d'être présente, mais maintenant on y était sensibles, l'extraordinaire rumeur d'une nuit africaine de village de brousse autour du campement, faite des mille voix animées du palabre, de tam-tams plus ou moins rapprochés, à droite et à gauche, de grognements de dromadaires, de bêlements isolés, de chiens qui aboient.

On avait dit à Marcel: Hé! sors-nous des citations de Valéry, c'est en plein le lieu avec tous ces chameaux et les terribles Touaregs tapis dans l'ombre de tous les coins du grand salon du Sahel! «Un changement dans le temps est un changement dans le texte... Entre deux mots, il faut choisir le moindre... Il faut vouloir, et ne pas trop vouloir...» Etc. Ou de n'importe quel de tes grands. Choisis-les parmi de plus récents, s'il se peut. On le plaisantait. Il n'en avait cure. C'était l'intellectuel du groupe, l'egg-head, l'artiste. Notre griot. Dans une soirée il parlait encore quand tout le monde s'était tu, infatigable, sa vitalité nous tuait, et son gros rire à faire trembler une montagne, il réveillait les endormis, jamais lui le casseux de veillée, il pouvait aller jusqu'au petit jour. Avec lui on avait toujours l'impression d'être au bord de découvertes indicibles. On les attendait de phrase en phrase... Notre griot, notre gourou. Mais gourou plein de doutes dangereux pour un gourou. Il barbouillait, comme il disait, beaucoup de papier. Mais il s'agissait d'exercices en vue de. En vue d'une œuvre. Pour se rendre capable un jour de l'accomplir. Il nous disait qu'à force d'attendre d'être en mesure d'écrire un jour le grand roman québécois, et c'est le titre qu'il aurait aimé lui donner, le *Grand roman québécois*, s'il n'avait été devancé pour ce truc par Philip Roth aux États, il risquait de mourir plein de ressources inemployées, raté magnifique. Conservateur de musée, disait-il, bon pour reconnaître le talent des autres, les commenter, les prolonger, mais eunuque, voyant comment, sachant comment, mais incapable de le faire. Il citait Montherlant : Trop mauvais pour pratiquer, il s'était établi professeur. Malgré tout, il rêvait d'accrocher aussi sa toile dans le musée, si petite fût-elle.

Au lieu de citer Valéry ou un autre, c'est à ce moment qu'il avait sorti la photo de Claudia Cardinale prise par

Karsh, publiée dans le *Life* au début des années soixante, à une date qu'il ne pouvait préciser sauf que c'était après la photo de Hemingway reproduite en page couverture du même *Life* à l'occasion de son suicide, cette photo de Karsh aussi.

Nous étions trois couples. Un jeune, un moins jeune, un presque vieux, enfin, celui-là dans la quarantaine. Marcel était le mari de ce couple, du presque vieux. Il était prof de français au second cycle du secondaire (système français) dans un lycée fondé par une congrégation de religieuses de la Beauce — notre Beauce à nous! On se trouvait réunis non tant par affinité que par élimination d'un certain nombre d'autres. Les racistes d'abord. Oh! pas des racistes tonitruants, mais des racistes sincères, naturels, viscéraux, qui n'ont pas besoin de théories, qui se défendent de l'être; des Français qui se prenaient pour la tour Eiffel, et des Québécois pour la fine pointe et le nombril de l'Occident, les uns et les autres tout fiers de leur know-how et, magnanimes, prêts à en faire don aux populations démunies. Éliminés aussi ceux qui n'avaient, semblait-il, pas de préoccupation plus pressante que de savoir au jour près le cours du dollar ou du franc pour décider de l'opportunité ou non de faire un virement! Nous, on ne mangeait pas de ce pain-là. Petits bourgeois certes, mais très conscients de l'être. C'est-à-dire éclairés, ouverts, c'est-à-dire ayant en horreur d'être de petits bourgeois et croyant ainsi se dédouaner. Et tout en éclusant nos scotchs coloniaux et le gris de Boulaouane, nous gardions toujours au fond de nous-mêmes notre angoisse existentielle pas trop pénible, décorative, ennoblissante. Nous avions notre riche vie intérieure. Et nous étions d'assez beaux bonhommes et on avait de sacrées belles femmes, et on aimait le plaisir. Et nous avions l'impression d'avoir neuf vies comme les chats. Donc en brûler huit.

Le scotch et le gris circulaient et maintenant la photo de Claudia Cardinale prise par Karsh.

Marcel disait: Regardez cette admirable photo en noir et blanc. Quelle exubérance de vie. Quelle explosion de vie pulpeuse!... Qu'est-ce qu'on voit d'abord? Bien sûr, le visage rayonnant, le sourire, les dents éclatantes, la chevelure abondante, désordonnée, les yeux rieurs, et le petit bourrelet (ah! le vilain mot) dessous, comme si elle sortait d'une nuit d'amour, un peu lasse et heureuse. Mais est-ce bien le visage qu'on voit d'abord? Oui, mais vite rivalisent avec lui les seins qui se montrent à demi dans l'échancrure de cette sorte de blouson de cow-boy qu'elle porte, l'épaule droite comme par hasard dénudée, à gauche pour nous. Seins magnifiques, très innocemment découverts à moitié, et elle les a oubliés, presque un peu gros, exubérants eux aussi... La formidable aura sensuelle... Seins fragiles, un peu mous, pas ceux de Jane Fonda. Seins qui seront tombants, si l'on n'y veille. Doux. Et on pense corps féminin qui tant est tendre. Seins, pains de vie qu'on mangerait sans égard pour la perspective. Je dis perspective car je pense peinture, car Karsh a fait un tableau, son *Printemps* de Botticelli, mais en se limitant à un seul personnage, à un détail pour ainsi dire... *La Primavera*. Vous connaissez ce Botticelli? Ben sûr! Signalons pour mémoire qu'il s'agit d'une toile à neuf personnages. Je vous la décris comme si vous étiez aux premières loges. Allons de gauche à droite comme pour les photos. On reconnaît Mercure au caducée à peine visible qu'il élève avec son bras droit. Veut-il faire tomber avec sa gaffe les fruits que portent les arbres de la forêt, fruits qui ressemblent à des boules d'arbre de Noël? Il fait penser, ce jeunot, à un gladiateur romain ou à un centurion qui aurait mis le baudrier de son inséparable glaive par-dessus sa serviette de bain rouge. Que vient faire là ce symbole du commerce, ce patron — admirez la logique, des voleurs, des médecins, ce messager des dieux? Grosse commande pour un seul homme. Il est insensible aux trois Grâces à sa gauche, qui le lui rendent bien, car elles n'ont souci que d'elles-mêmes. Elles forment une ronde en se tenant les mains selon une technique très compliquée. Deux mains dressées d'icelles font pendant au bras levé de Mercure. Elles dansent? Forment-elles une petite société d'adoration mutuelle? Elles ne sont vêtues que d'une gaze, sorte de brume qui flotte et qui laisse voir qu'elles sont un peu fessues, ventrues, sur le bord d'être matrones. Un peu grasses, ces Grâces. Un Éros pansu mais aérien, voltigeant dans les arbres, semble les viser de son arc. Au centre Vénus ou la Vierge Marie, car selon ce qui disent les commentateurs, il s'agit d'une vue des choses néo-platonicienne très Renaissance et très humaniste par l'effort de synthèse du monde païen et du monde chrétien. Syncrétisme à la mode. Le moderne de l'époque… Le rouge de ses fringues répète le rouge de Mercure. Puis Flore qui, elle, rassemble en sa personne les fruits et les fleurs de la forêt et de la prairie. Et c'est ce que dit son maintien, elle regarde droit devant elle, tout imbue de sa fonction. Je suis Flore, je suis le symbole des fruits et des fleurs, de l'été, des inépuisables dons de la Nature. Elle le retient, ce symbole, comme si elle en était grosse, de ses deux bras repliés sur son ventre. C'est-tu assez fort! À sa gauche, une femme penchée en fuite immobile, Amour femme, Chloris selon certains, réplique en tous points des trois Grâces pour ce qui est de la nudité et de la brume de gaze, que lutine un Amour homme, Zéphyr selon certains, qui semble descendre d'un arbre en l'attrapant.

Cet Amour féminin tient dans sa bouche un bout de pampre sans doute emprunté à Flore. Ou est-ce Chloris qui se transforme en Flore? Tous ces personnages sur un fond sombre percé de quelques éclaircies et piqué des taches de lumière que sont les fruits de la forêt et les fleurs de la prairie... Cette prairie que foulent les personnages est en continuité avec la forêt, c'est-à-dire du même sombre. De sorte que Mercure et compagnie marchent sur du noir. Ils marchent sur le bas de la toile de fond. Manière de dire. Car nulle perspective. C'est comme si le peintre avait peint ses personnages par-dessus le noir de sa toile, comme s'il avait braqué des spots sur ses personnages à contre-nuit.

Bon, je reviens à Karsh. Sa Claudia, c'est l'Amour femme ou Chloris sans le bout de pampre, mais elle a ses dents éclatantes, ce qui vaut bien le bout de pampre. L'Amour de Botticelli avait peut-être les dents cariées. Qu'est-ce que je veux dire? Est-ce que je sais ce que je veux dire ? Je finirai par le trouver ce que je veux dire si vous avez la patience de m'attendre. Je veux dire que le vrai *Printemps*, ce n'est pas Botticelli qui l'a peint, mais Karsh ! Mais Karsh aurait-il fait cette photo de C. C. sans Botticelli ? Car pour moi l'allusion à Botticelli est évidente. Le dessein de Karsh est évident, et s'il n'y a pas pensé, il aurait dû, ce qui est une autre histoire. En tout cas, on peut penser qu'il y a pensé. On en a le droit. On a tous les droits, nous qui regardons, qui lisons.

Regardez la chevelure de Claudia. Courte à droite, longue à gauche, à droite pour nous, cette partie de la chevelure comme celle qui traîne sur l'épaule et le sein gauches de l'Amour femme que poursuit l'Amour homme jailli de son arbre. Cheveux postiches sans doute. La Claudia Cardinale de Karsh est le *Printemps* de Botticelli par métonymie. Un seul personnage pour neuf. Un seul personnage qui évoque les fleurs et les fruits, « la palpitation sauvage du printemps » (Hugo), « la circulation des sèves inouies » (Rimbaud). Cela dans les seins, les yeux, les dents, le regard, l'épaule, le cou, la formidable aura sensuelle, le sourire qui est presque un rire, la sérénité, la joie, la beauté. C'est le *Printemps* débarrassé de son bataclan néoplatonicien et de l'antiquaille et de tout ce qu'il faut savoir pour admirer l'art du peintre. Car enfin, ce Botticelli tant célébré — je sais que je dis des horreurs, que je suis vulgaire et épais, *flippant*, léger —, c'est gauche, c'est figé, c'est kitsch, quétaine, c'est franchement laid. Une froide allégorie… Bon, l'harmonie des formes, le modelé des visages et des fesses, la composition, la place de ce tableau dans l'œuvre du maître et dans l'histoire de la peinture. Mais quel plaisir un contemporain peut-il en retirer sinon un plaisir d'érudit, d'historien de l'art ? Plaisir abstrait, plaisir de culture, plaisir de bourgeois occidental en pâmoison devant les merveilles de l'évolution des circonvolutions du petit nœud de son nombril. Plaisir de musée. C'est mort ! Vit-on dans un musée ?... Est-ce que je sais ce que je veux dire ? Je veux dire que le *Printemps* bandant pour nous, je veux dire celui qui nous touche, celui qui nous émeut, la poésie c'est Karsh, pas Botticelli. Mais que serait Karsh ici sans Botticelli si tant est que K. se soit inspiré de B. pour sa photo selon mon hypothèse... Et si mon hypothèse ajoutait quelque chose à mon plaisir. Plaisir d'érudit, de connaisseur, de mandarin, plaisir de musée aussi donc ? Nous sommes à la roue, je veux dire que nous tournons en rond, ce qui est torturant...

L'art robuste seul a l'éternité, le buste survit à la cité ? Pas si sûr, pieux vœu. Le buste s'effrite et ne vit plus que dans la mémoire, et il s'effrite encore, et bientôt il n'est plus dans la mémoire que le souvenir de son effritement. Une trace, un vestige. L'étendue de notre culture se mesure au degré de fidélité de notre mémoire, à la plus ou moins grande richesse de son répertoire, de ses repères, bref : de son musée. De ses momies. Comprenez que je n'ai rien contre le culte des morts si les morts nous apprennent à mourir, c'est-à-dire à vivre. Si seulement. J'en veux plutôt à toutes ces œuvres qui, profitant de la confusion, se donnent pour nouveautés alors qu'elles naissent déjà enveloppées de bandelettes toutes nettes, frettes, finies avant d'avoir été commencées. Momies en naissant. Et on se pâme devant pour leur ressemblance avec d'autres momies. J'ai fait pour ma part un grand progrès de désacralisation et de démystification de l'art, et j'en ai éprouvé un grand plaisir, plaisir qui dure le jour où, surmontant ma honte, j'ai osé m'avouer l'indifférence ou le profond ennui que tant d'œuvres réputées chef-d'œuvres suscitaient en moi. Moi qui en avais fait une religion, voilà que je me trouve devant rien. Et j'admire Malherbe pour ce qu'il disait des crocheteurs du Port-au-Foin. Pas moins importants que le poète, et pouvant lui donner des leçons de langue.

Je sais bien, René, me dit-il, toi qui tailles dans le fer (il jouait sur mon nom, je m'appelle Taillefer) et le marbre et le bois, que tu vas me dire que je parle en littérateur quand je parle de l'art du peintre et de l'art du photographe, et que je mélange tout. C'est vrai que je ne suis pas gréé ni geáré pour ça, comme dirait VLB, celui qui est parti pour écrire avant moi le grand roman québécois. Je n'ai pas encore assez étudié et réfléchi, je n'ai pas encore assez digéré de critiques et de chroniqueurs d'art. Ils mettent ma patience à bout. Je les trouve encore plus vagues que les vagues qui parlent de littérature et qui dissertent parfois sur le style d'un écrivain qu'ils ont lu en traduction ! Et dont la langue de bois subit une mue tous les trois quatre ans.

Bon, René, j'y viens, comme tu vois, à la littérature. On my turf, comme disent les Américains. Mon terrain de jeu. Sauf que cela ne garantit rien car plus on s'avance dans une chose vaste, mieux on en voit la complexité. Le mutisme nous guette alors. On peut au moins se réconforter en croyant être parvenu à cette ignorance savante et qui se connaît dont parle Pascal. Et puisque vous voulez des citations, je pense ici au *Rameau* de Diderot qui dit qu'il faut être profond dans l'art ou dans la science pour en bien posséder les éléments et que les ouvrages classiques ne peuvent être bien faits que par ceux qui ont blanchi sous le harnois. C'est le milieu et la fin qui éclaircissent les ténèbres du commencement... Ah! Diderot — permettez que je digresse et que j'aille où me mène Johnnie Walker... Diderot plus moderne encore que tel aujourd'hui qui se prend pour Hemingway ou Carver parce qu'il est blafard. Ce qu'à peu près pensait Claudel de Gide et de son prétendu classicisme.

Permettez que je digresse encore. Claudia m'était une introduction. Mais je n'en ai pas fini avec elle. Il me reste des choses en suspens. Il me reste à me demander dans quelle mesure l'intérêt de la photo de Karsh est lié au fait qu'il s'agit d'un personnage médiatique, d'une belle actrice, d'un monstre sacré. (Expression inventée par Cocteau, je crois... Un cocktail, des Cocteaux, disait le tendre Éluard. Ah! ces écrivains, la méchanceté est leur *verbomoteur*, carburant à l'orgueil.) Le monde, Dieu merci, est rempli de jeunes femmes désespérantes de beauté pour notre malheur et notre plaisir. Il aurait pu prendre n'importe laquelle de celles-là, une inconnue. C'est juste pour dire. Je ne lui en veux pas. J'adore C. C. Je l'ai vue il n'y a pas longtemps à la télé. Elle faisait partie d'un jury de je ne sais quel festival de films. Pas empâtée, amincie, épurée, développée selon la logique de la prophétie de son corps superbe de jeune femme. Devenue belle tout simplement. Et on ne pense plus à la volupté indicible de coucher avec elle en la voyant, mais à se prosterner à genoux devant elle comme devant une idole. Une œuvre d'art, et elle n'a plus besoin de Karsh et de son travail de noir et blanc...

Mais je m'éloigne de l'idée qui m'obsède et que j'avais en tête en commençant. Que l'admiration que nous avons d'une œuvre d'art est tout entachée d'impuretés, prisonnière du temps et de l'histoire, et pour tout dire du relatif absolu de nos cultures. Prisonnière du temps. Ou de l'instant. Car il y a une force qui travaille contre l'Histoire, qui est le culte du présent, le culte de la nouveauté sans repère. Car tout semble devoir aboutir dans notre monde à une émission de télévision en direct. Et il n'y a rien au-delà ni avant, la suite étant une autre émission de télévision en direct. Tout doit finir ou commencer non par une chanson mais par un spectacle, un show. On est écartelé. Ou les racines, ou le sol nu. Qui se dérobe. Est-ce que je sais ce que je veux dire ? Je ne suis pas dialecticien, je ne suis pas un penseur. Il y a des choses qui m'emballent, d'autres qui me scient, qui me tuent. Je tâtonne, je lance des galets dans la mare, je procède par cercles concentriques vers la Vérité, vers le centre de toutes les circonférences. Shit !... Mais parlons littérature.

Nous l'avions interrompu plusieurs fois, moi sculpteur et ma femme Lise, spécialiste de jardins, et Luneau prof de maths et peintre à ses heures, et sa femme Claire diététicienne, et Laure femme de Marcel, publicitaire.

C'était pour le relancer car nous étions, hommes, ronds de scotch et, femmes, grisées de gris, tous et toutes peu aptes à tenir de longs discours. J'ai résumé, j'ai omis les raccords... Quant à lui, son début d'ivresse le stimulait. Il disait qu'il savait encore ce qu'il disait, mais qu'il ne le dirait sans doute pas s'il n'avait bu, qu'il était parfaitement conscient qu'on voulait voir jusqu'où il allait déconner et s'enferrer et que pour nous faire plaisir il irait jusqu'au bout de la bouteille de J. W. Et quand on lui avait dit : Qu'est-ce que tu penses de l'antilope bambara et des masques ? Il avait dit : Ah ! excellente question, chers élèves, je vois que vous êtes très attentifs. J'y viendrai. Mais attendez un peu que je vous parle littérature.

Écoutons d'abord la nuit africaine, regardons ce paysage, ce que nous en voyons d'où nous sommes, écoutons la rumeur. Y a-t-il un peintre ou un poète, un romancier qui pourrait rendre ce que nous éprouvons dans l'instant, capable de témoigner de notre humanité, de ce que nous sommes, nous discutant d'art et de littérature dans ce décor, décadents à peu près, plongés dans des cultures tout autres, quasi imperméables à la nôtre, et c'est comme si nous étions sur une autre planète, étrangers parmi des choses étranges et incompréhensibles, nous exilés du Québec, de notre affreux beau pays tout vert ou tout blanc, nostalgiques et à la fois amoureux de tout ce que nous découvrons, élargis dans le sens de grandis et de libérés — qui opposerait le Nord et le Sud, qui brasserait de grandes choses, mettrait en jeu de grands intérêts comme diraient les classiques. Qui pourrait exprimer cela ? Cela qui serait l'éternel et la poésie de maintenant ? Et il nous citait Baudelaire et son article sur Constantin Guys, et avant de nous expliquer sa théorie de la modernité il nous donnait pour illustrer le précepte l'exemple tiré de l'œuvre... *À une passante.* Vous connaissez ce sonnet ? Le poète déambule dans la rue assourdissante. Une femme passe, agile et noble avec sa jambe de statue, et il voit dans son œil la douceur qui fascine et le plaisir qui tue. Un éclair... puis la nuit ! La fugitive beauté passe soulevant, balançant le feston et l'ourlet, et le poète s'écrie : Ô toi que j'eusse aimée, ô toi qui le savais !

La théorie de la modernité chez Baudelaire, je la dis à ma façon : d'un côté le ciel des fixes, l'expression est de Du Bos, je crois, c'est-à-dire ce qu'est naître, vivre, désirer, aimer, vieillir, mourir, Dieu, le sacré, le mystère, les grandes questions, celles de la fameuse toile de Gauguin ; de l'autre, les mille riens quotidiens, les petits faits vrais, la petite histoire, qui est la grande morcelée, en miettes, en devenir, levain de la grande, fumier infime ; le très particulier, la rue assourdissante d'une grande ville, la passante balançant le feston et l'ourlet — le présent redoutable pour parler comme Anne Hébert, l'admirable. Sans la fusion de ces deux éléments, l'éternel tiré du transitoire, sans l'idiotisme de beauté d'une époque lié à l'éternel il n'y a pas de divin gâteau. Rien. Sinon rabâchage, redite. Rengaine. Est-ce que je sais ce que je veux dire ?

Parlons littérature, dit-il, continuons d'enfoncer des portes ouvertes à l'aide de Johnnie Walker. Trouvons l'oracle en J. W. ! Vous verrez que je n'oublie pas mon point de départ, Botticelli et Karsh, ni l'antilope bambara et les masques. Santé! Il élevait son verre.

Mais je vous accorde une pause, comme un battement entre deux cours, avant d'aborder les deux Marguerite, Yourcenar et Duras. Sortons dans la nuit africaine.

Nous circulâmes (pardon!) entre les *tabliers* (tablier : mot désignant à la fois la table sur laquelle sont étalés les menus objets d'un petit commerce et le commerçant lui-même) et les échoppes de fortune mises en place pour le marché, et les Africains assis sur leur natte posée à même le sable, quelques-uns jouant aux cartes, d'autres couchés, dormant déjà. Émoustillés par l'alcool, nous lutinions nos femmes, comme disent les Français dans leurs livres, lesquelles ne se défendaient pas. Au contraire. On entrechoquait nos verres et, titubant, au comble de la convivialité, parfois nos têtes. « L'alcool vous donne le goût de la chose, dit Marcel, mais vous rend impropre à l'accomplir. » Shakespeare? Il citait toujours. Il disait qu'ainsi il empruntait à d'autres une autorité qu'il n'avait pas. Ce qui lui permettait parfois de faire passer ses propres formules et élucubrations à quoi il donnait une allure de citations lapidaires. Il faisait une pause, hésitait. On voyait presque les guillemets. Et, la plupart du temps, que du feu.

« Écoutez le monde blanc, dit Marcel, cette fois récitant du Césaire, Horriblement las de son effort immense Ses articulations rebelles craquer sous les étoiles dures... Écoute aux alibis grandioses son piètre trébuchement... Pitié pour nos vainqueurs omniscients et naïfs! »

Nous écoutâmes plutôt, muets, immobiles, provenant d'un autre campement de Blancs, un nocturne de Haydn. Une merveille d'équilibre, de modulation, de composition, d'harmonie. De nostalgie. Virgilien, grec, apollinien, tout à fait en accord avec la sérénité de ce clair de nuit sur le Sahel. Marcel dit : C'est du Chateaubriand, c'est une nuit dans les déserts du Nouveau Monde, ou celle qu'on trouve dans les *Martyrs*. « C'était une de ces nuits dont les ombres transparentes »... Ah ! faire une chose belle comme celle-là, et dire merde à la mort ! Toutes les grandes œuvres sont mélancoliques. Toutes témoignent de notre fatal exil. Rentrons.

Voici les deux Marguerite, poursuivit-il, Yourcenar et Duras. Deux monstres sacrés indubitables. Je les compare. Je les oppose. À tort ou à raison. Je pourrais en choisir d'autres. Je pourrais en choisir d'autres dans cette France qui n'en manque pas, laquelle n'est pas essoufflée quoi qu'en pensent tant de poussifs et complexés parmi nous. Ah ! je dis des horreurs. Que la nuit africaine me protège !... Je ne suis pas un spécialiste de leurs œuvres. J'y suis venu trop tard avec un potentiel d'admiration réduit. Trop vieux, bardé de résistances, muni d'antennes pas prêtes à gober n'importe quoi, pignocheuses, d'atomes crochus qui n'accrochent plus, débranché des mythes, un peu aigri, envieux du succès des autres, cherchant le défaut de leur cuirasse pour m'en bien dégoûter. Mais j'admire par-dessus tout l'armée des obscurs, des sans-grade qui vouent leur vie à l'élucidation d'une œuvre qu'ils aiment, intelligents et sensibles et comme ayant renoncé à se faire valoir autrement qu'en passant par un autre. Quoique professeur, je le dis à ma courte honte, je ne fais pas partie de leur confrérie. Croyant avoir mieux à faire, espérant peut-être avoir de quoi devenir moi-même un jour l'objet de leur culte et de leur admiration. De sorte que je serai doublement raté. Ni vraiment prof ni écrivain. Ayant réalisé ce chef-d'œuvre. Pleurons. Il élevait son verre.

Voici donc les deux Marguerite. Yourcenar et Duras. Botticelli et Karsh. J'explique ce raccourci. Vous me voyez venir. Mais pas tout à fait si vous croyez que j'assimile absolument Yourcenar à Botticelli, et que je laisserais entendre que Yourcenar est au roman ce qu'a été Botticelli à la peinture, et que je ferais le même genre de parallèle, en patinant vite, pour Duras et Karsh. Mais ce n'est pas cela. C'est boiteux. On peut oublier B. et K. Je les rementionne pour garder à mes élucubrations un semblant de logique. Fausses fenêtres, encore que vous verrez qu'elles peuvent servir à quelque chose. C'est ma transition. Un peu vide. Déformation professionnelle.

Yourcenar. *Mémoires d'Hadrien*, *L'œuvre au noir*, bornons-nous à ces deux œuvres. Et même oublions la seconde, puisque je vois que nos provisions s'amenuisent, et je voudrais bien garder un bon grand verre de J. W. pour Duras, la divine. Vous me voyez venir. Vous voyez de quel côté je penche.

Yourcenar. Deux très grands livres. Tout le monde s'entend là-dessus. Deux livres de grande culture, immenses, portés longtemps. Achevés. Un grand poids d'art et d'humanité, livres de haute graisse, largement ouverts, majeurs. Hadrien, le personnage et l'œuvre, c'est Rome colonisée par la Grèce, par le vaincu. Le monde antique plus latin que grec, il me semble. Latin mâtiné de grec. C'est Virgile, Tacite, Sénèque. Cela est marmoréen, ou si vous voulez, coulé dans le bronze. Yourcenar me paraît une sorte de Montherlant féminin, en plus gourmé, en plus guindé, en plus surveillé cependant. Sans le génie du style. Elle n'aurait, par exemple, jamais écrit cette phrase, que j'adore, de Montherlant dans *Port-Royal* (l'archevêque Beaumont de Péréfixe s'adresse à une communauté de religieuses réfractaires — elles ne veulent pas signer un formulaire, ce par quoi elles reconnaîtraient qu'elles répudient certaines propositions déclarées hérétiques s'il s'avérait que de fait elles se trouvent dans l'*Augustinus* de Jansénius. Disons qu'elles ont peur de se faire fourrer. C'est compliqué, passons) : « Il ferait beau voir que n'importe quelle sottise devînt bonne et sublime, simplement parce qu'on s'y tient ferme. Est-ce que l'ânesse de Balaam avait de l'esprit, qu'on avait beau rouer de coups, il n'y avait pas moyen de la démarrer ? »... Voilà Pascal, La Rochefoucauld, La Bruyère, Saint-Simon. Le Grand Siècle en deux phrases. Voilà qui est plus rapide et juste et révélateur d'une époque qu'une tonne de documentation entre les mains d'un balourd. Vrai travail d'écrivain. Ah ! je ne veux pas dire que Yourcenar est balourde. Non. Mais classique ? Non. Pas vraiment. C'est un écrivain de culture. Ça n'est pas rien. Elle refait ce que d'autres ont fait, avec infiniment de talent et de compétence. Mais elle va sur les brisées des autres, elle fait du tout cuit, du sans-risque, elle refait du déjà-fait... Et, entre nous, quel emmerdeur, son Hadrien ! quelle absence d'humour ! il devait songer à quelque sentence digne de ses modèles en enfilant son éphèbe. Classique ? Non. Pour être classique, il faut être neuf en son temps. La véritable tradition, disait Valéry — ben oui, Valéry encore —, ne consiste pas à refaire ce qui a été fait, mais à retrouver l'esprit qui a fait de grandes choses et qui en ferait d'autres en d'autres temps. Je cite de mémoire, je massacre sans doute.

Yourcenar et Duras. Senghor et Césaire. Un écrivain admirable. Un écrivain génial... Yourcenar n'est ni Joyce, ni Musil, ni Kafka, ni Proust, ni Céline, ni Brock, ni Faulkner, ni Ducharme. Elle n'invente rien. De sorte qu'elle est plus momie que Botticelli, qui était moderne en son temps. Belle momie, soit, rassurante. On est cultivé en la lisant. On la digère, on la déguste, elle qui a tout digéré, elle flatte notre bourgeois dans le sens du poil. Mais ne cherchez pas chez elle une phrase qui porte à sa cime, comme disait Hugo de certains vers, une lueur étrange. Rien d'original dans la forme, je veux dire par forme — sens anglais — style et composition. Et par voie de conséquence, rien de neuf dans la vision. C'est même pas du nouveau avec du vieux. Pas même la soupe ancienne servie à la moderne. Mais du vieux bien mijoté avec son mode d'emploi archiconnu. Il suffit pour la lire d'un vernis de culture, et de savoir lire une phrase qui contient un sujet, un verbe et un attribut, whatever. Évidemment, j'exagère pour ma thèse. J'admire malgré tout. Ah ! oui, j'admire ! Je voudrais bien pouvoir en faire autant. Car ce qu'elle a fait passer dans ses sujets, etc., ça n'est pas rien, c'est lourd, c'est dense, ça n'est pas à la portée de n'importe qui, et ça va tellement plus loin que les mêmes sujets, etc., de tant de tâcherons prudents de la littérature, méticuleux, métierculeux, qui ont oublié que le cinéma existe et qu'il a libéré le roman comme on a pu dire que le photographe a libéré le peintre — raconteurs bavards, sans coffre, sans couilles, sans rien à dire, ou croyant avoir quelque chose à dire, ce qui est pire, habiles à reprendre la rengaine, le crincrin, la crécelle, experts en clonage sur la chaîne de montage, coupeurs appliqués de tranches de vie d'une égale minceur.

Duras dirait de Yourcenar qu'elle n'est pas un écrivain, si je comprends sa logique. Car c'est ce qu'elle a dit de Sartre. Vous vous rendez compte ! Sartre, pas un écrivain ! Un écrivant, un écrivailleux ? Que signifie cette tentative de meurtre, ce projet de décapitation ? Je crois le savoir. Il ne s'agit pas de décoller la tête capitale pour mettre la sienne propre à sa place. Ce jugement exprime un choix. Je crois comprendre que Sartre pour elle est trop cérébral, trop conscient, sachant trop bien ce qu'il fait avant même de le faire, trop concerté, ayant peur d'ouvrir les vannes vers la mer, peur de l'*écriture courante*, incapable de vouloir savoir où l'on peut aller quand on ne sait pas trop où l'on va.

Duras. Idole ou objet d'intense détestation. Moi, je l'aime, idolâtre d'elle après tout le monde, ayant surmonté la méfiance que j'ai quand tout le monde admire. En dépit qu'elle semble en ces dernières années se conformer à l'idée ou à l'image que tant d'inconnus se font d'elle, devenue effet de l'effet qu'elle produit sur ce

nombre indistinct d'inconnus, pour paraphraser —
devinez qui ? — Valéry au sujet de Stendhal, dans une
digression à peu près philosophique. Peu m'importe.
Duras reproduisant Duras vaut infiniment mieux que
Tartempion imitant Tartempion.

Vous connaissez *L'amant* ? Ben sûr ! Le Goncourt de
cette année ! Comme c'est merveilleux que nous ayons lu
les mêmes livres ! Cette communauté de lectures me per-
mettra d'aller plus vite et d'en avoir fini avec la Duras
avant les hippos. N'oublions pas les hippos !... Taillefer,
me dit-il, je sais bien qu'il t'arrive de sculpter aussi dans
les mots, mon v'limeux, si jamais tu racontais notre
voyage, il te faudrait tout centrer sur les hippos, ce qui
voudrait dire me ramener à ma portion congrue, me
résumer en quelques paragraphes pour respecter l'ordre
interne de ton récit, sa logique. Car c'était notre projet :
voir des hippos. Les verrons-nous ? Quel suspense !

Les premières pages de *L'amant*. Qu'en dire ? Qu'il
est dif-fi-ci-le d'aimer ! De dire surtout pourquoi on
aime. La laideur m'inspire, la beauté me laisse pantois.
Moi qui avais tant hâte de vous parler de la Duras, je ne
trouve que des mots vagues comme merveilleux, splendide, extraordinaire et ainsi de suite pour exprimer à
quel point, pourquoi et comment ce début de roman et
ce roman me coupent le souffle, me font mourir de jalou-
sie. Je voudrais mettre dans ma conviction tant de chaleur qu'elle vous persuade sans arguments et que vous
veuilliez bien rester là avec moi en extase, muets et mari-
nant béats dans notre alcool et l'admiration sans partage, cuvant les deux ivresses... Ah ! ce début de roman !

L'équivalent pour moi dans la littérature française du début de *La Chartreuse de Parme*. Car pour les deux livres, mais de façon différente, bien sûr, tout est là, le ton, le mouvement, la thématique, ce qui inspirera la subtile stylistique du récit ; l'intention, le projet. L'ouverture.

Un jour, j'étais âgée déjà, nous dit-elle, et elle nous parle de son visage dévasté, elle le décrit lacéré de rides sèches et profondes, à la peau cassée, parti dans sa vie dans une direction imprévue, visage détruit qu'un inconnu rencontré dans le hall d'un lieu public lui a dit aimer mieux que son visage de jeune femme. Ce visage de l'alcool qu'elle avait avant l'alcool, dira-t-elle plus loin, comme elle a eu le visage de la jouissance avant la jouissance... Que j'ouvre une parenthèse. Vous remarquez que je dis *elle*, Duras, et non la narratrice. Ne me croyez pas naïf au point de confondre narrateur et auteur, aute*ure*, la créature de chair et d'os qui se lève le matin et qui se couche le soir, qui se mouche, va faire pipi, reçoit des amis, bavarde, etc. C'est à dessein. Je veux dire que c'est vraiment Duras, mais Duras l'auteure qui nous parle, l'auteure qu'elle est devenue, le personnage public connu par ce qu'elle a bien voulu dire de sa vie ou laissé croire qu'elle en disait, sa *persona* dont elle joue à merveille. Ah ! que c'est impur, la littérature !... Quant à savoir si elle raconte sa vie, si elle l'a eu, son amant chinois, qu'est-ce qu'on s'en fout ! On le souhaite pour elle, qu'elle l'ait eu. Mais qu'elle l'ait rêvé ou non, qu'est-ce qu'on s'en fout ! Quelle importance pour le roman que nous lisons. Sauf qu'on n'y voit que du feu. On y croit. On marche. Continuons.

Après cette page sur le visage détruit, cette phrase, sans crier gare : « Que je vous dise encore, j'ai quinze ans et demi. » Merveilleuse phrase, splendide, extraordinaire. Vous voyez bien que j'ai le souffle coupé. Mais encore ? Phrase qui nous installe dans le passé, nous situe dans le présent de la petite fille de quinze ans qu'a été l'auteure. C'est le début de sa recherche du temps perdu. On fera la navette désormais entre la vieille auteure et l'enfant qu'elle fut avec son amant chinois. S'instaure alors à partir de cette phrase une sorte de dialogue entre le *je* d'aujourd'hui et le *je* d'autrefois. L'auteure et *elle*, la petite fille, la nymphette avec son chapeau d'homme. Ah ! que je regrette de ne pas avoir devant moi son livre ouvert ! Je vous montrerais le jeu des temps verbaux, l'imparfait, le présent, le passé, le plus que passé, comment à partir de cette enfant et de son amant chinois va le mouvement de la mémoire, comment sont évoqués la vie de la famille, le père mort, la mère et ses entreprises folles, les deux frères, le doux et le violent, bref le roman familial, puis l'Indochine coloniale reconstituée par petites touches par-ci par-là, comme par hasard, au gré du récit. Présente, vivante. Il s'agit à partir de l'ancrage du roman d'amour tragique qui fait plaisir à tout le monde — ben oui, la jouissance qui fait crier, c'est la prime érotique — de montrer comment se forme le récif de corail, ses agglutinations en concrétions éclatantes, l'œuvre sans une fausse note. Et Duras Marguerite dévorée par l'auteure, Donnadieu devenue Duras, assumant l'auteure qu'elle est devenue, n'est plus qu'une main qui écrit, impudique, souveraine, dictatrice, omniprésente, et mine de rien, comme allant à vau-l'eau. Petite musique ? Ben non, immense musique, symphonique. C'est *Phèdre*, Racine longtemps après. Ne nous laissons pas leurrer par le petit nombre de pages. *En attendant Godot* a autant de poids que *Le soulier de satin*... Une voix, un souffle, une vraie parole d'écrivain. Absolument moderne, Duras.

Maintenant, chipotons un peu, allons du côté de ceux qui n'aiment pas. Qui regimbent contre les dérapages, les phrases obscures, indécidables en ce qui concerne le sens pour parler comme les savants, sorte de glossolalie, de langage chiffré. Qui se cabrent en écoutant les oracles de la Pythie et l'envoient se rhabiller... Il y a plein de ces phrases dans *L'amant* et ailleurs. Exemple, elle dit, parlant de la mère : « C'est fini, je ne me souviens plus. C'est pourquoi j'en écris si facile d'elle maintenant, si long, si étiré, elle est devenue écriture courante. » Oh ! oh ! vous tiquez sur *facile* et *écriture courante* ? Vous voyez, ça n'est pas aussi simple à lire que si elle écrivait d'un personnage qu'il croise sa jambe gauche sur sa jambe droite pour produire un *effet de réel* ! Vous voyez, je suis prêt à tout lui pardonner. Mais cette phrase que je vous cite parmi tant d'autres possibles, je serais prêt à vous en faire l'exégèse à l'infini s'il n'y avait ce traître de J. W. qui commence à furieusement m'embrouiller les méninges.

Revenons à nos moutons. Qui disait que pour écrire *Don Quichotte* il suffisait de connaître toute l'histoire de l'Espagne et sa littérature ? Eh bien, pour lire *L'amant* comme œuvre d'art, il suffit de connaître toute la littérature française depuis *La princesse de Clèves*, en passant par *Adolphe*, jusqu'au nouveau roman. Ce qui veut dire, si vous me suivez bien, que Duras se trouve à la fine pointe d'une évolution, d'une histoire et que lorsqu'on l'aura assez longtemps imitée, on se rendra compte qu'elle a droit au titre de la plus belle récente momie dans le musée du récit français. On la dira classique alors.

« Masques ! ô masques ! s'écrie Senghor. Elle dort et repose sur la candeur du sable... Visage de masque fermé à l'éphémère... tête de bronze parfaite et sa patine de temps... ô visage tel que Dieu t'a créé avant la mémoire même des âges. »

Vous voyez, je ne vous ai pas oubliés, chers élèves. Il se versait les dernières gouttes du J. W. avant de poursuivre, disait-il, pour citer encore, avec les restes d'une voix qui tombe et d'une ardeur qui s'éteint.

L'antilope bambara, les masques, tous ces objets que nous admirons depuis notre arrivée sur ce continent, j'ai bien peur de ne pouvoir à leur sujet que débiter des clichés, des choses faciles, la première étant que pour comprendre quelque chose à l'art africain il faut se débarrasser de nos critères d'Occidentaux, jeter par-dessus bord les notions d'évolution, de nouveauté, d'originalité et même peut-être la notion d'art... De belles choses, certes, tu pourrais nous le dire toi, Taillefer, avec les mots qu'il faut, mais reproduites identiques, avec plus ou moins de bonheur selon les dons et l'habileté de l'artisan, depuis des temps immémoriaux, depuis les origines où elles prenaient leur sens. Et il suffit qu'elles soient depuis les origines pour qu'elles aient un sens… Nous sommes dans une éternité, un temps cyclique où tout se répète et recommence. Quelle sagesse ! Ayant trouvé la forme parfaite pour dire l'essentiel, on s'y tient, on la reproduit indéfiniment.

Comme nous sommes loin les uns des autres. Les cultures sont des prisons. Il faudrait en sortir, pouvoir aller des unes aux autres pour comprendre et reconnaître que nous sommes là, tous tant que nous sommes, plongés dans l'angoisse du vivre et du mourir et tentant de tirer de nous-mêmes par tous les moyens, comme dirait Malraux, je crois, des images assez fortes pour nier notre néant. C'est pas beau, ça ? Il levait son verre vide.

Nous avons dormi d'un sommeil de plomb. Puis du sommeil agité de ceux qui ont trop bu. Puis, ô merveille, contre toute attente, à dix heures quand nous avons ouvert l'œil, croyant que c'était l'aube, des hippos juste en face du campement. Ils barbotaient gris, en ce dimanche matin, dans l'ocre du soleil nigérien vers les îles. Le père, la mère, le bébé. La sainte famille.

C'était à Ayorou sur le fleuve Niger, à quelque deux cents kilomètres de Niamey.

La plage

Un peu d'exercice. Remuer ce vieux corps. Donc, il marchait sur la plage dans le sable fin presque blanc, si près de l'eau que la vague venant mourir au bord atteignait parfois ses pieds nus. L'eau était froide. Il y avait grand vent, et des nuées basses en grand mouvement encombraient la baie. Il ne pensait à rien. Il n'avait conscience que de sa marche dans le sable, entre ciel et terre, près de l'eau, dans le vent.

Dans sa rêverie, il regardait le sable, l'eau, des vols d'hirondelles en formation serrée donnant un incomparable spectacle aérospatial, sans risque d'écrasement, folles, criant de joie, virtuoses, parfaites. Il pensa malgré tout en souriant qu'il était vraiment en vacances puisqu'il ne pensait à rien, sauf aux hirondelles, au sable, aux nuées, à l'eau froide, à la nécessité de marcher vite pour se réchauffer, car il ne portait pour tout vêtement qu'un short et un t-shirt. En vacances, oui, disponible, dans la pureté absolue du pourquoi vivre, pourquoi vieillir, pourquoi mourir, mais ces vieilles questions à l'arrière-plan, de derrière la tête, loin, présentes mais obscurcies dans sa rêverie comme en ce jour la baie par les nuages. Allons ! remuons ce vieux corps. Un peu d'exercice.

Il s'était dit qu'il allait marcher, à partir du repère de ses sandales laissées sur la plage, la distance de deux kilomètres à peu près d'un côté, puis deux kilomètres de l'autre. Vers l'ouest, vers l'est.

Une jeune femme marchait aussi. Elle semblait suivre le même programme. Il l'avait aperçue depuis assez longtemps sans la regarder, elle n'avait fait que passer dans son regard et sa rêverie l'avait accueillie comme le reste. Il voulait ne penser à rien, dormir éveillé. Sentir seulement. Son corps se réchauffait. L'eau lui paraissait moins froide. Il avait vu qu'elle portait un enfant sur son ventre dans une sorte d'attelage maintenant un sac. Il pensait malgré tout. Il pensa comment dit-on ? Grossesse ectopique, extra utérine. Bourse marsupiale. Les femmes d'Afrique portent leur enfant sur le dos, elles font tout avec leur enfant sur le dos, elles vont au marigot ou au fleuve refaire la provision d'eau, elles pilent le mil, c'est plus beau sur le ventre, est-ce une meilleure technique, est-ce moins exigeant pour la porteuse ? C'est plus beau sur le ventre.

Quand ils se croisèrent une deuxième fois, ils s'arrêtèrent l'un en face de l'autre d'un commun accord, comme si c'était écrit.

— Ce lac est magnifique, dit-il, quelle beauté !

— C'est une merveille, dit-elle. Il est encore plus beau par mauvais temps.

Ils parlaient en anglais, car c'était la langue du pays.

— Il paraît que seuls les mers et les océans ont des marées, dit-il. Pourtant, voyez, hier l'eau était à huit, dix mètres plus haut. On le voit à ce que la vague a laissé. Est-ce seulement l'effet du vent quand il vient du nord ? Le vent vient du sud aujourd'hui et l'eau est basse malgré la vague.

— Je ne peux pas vous répondre, dit-elle. C'est une des innombrables choses que je ne connais pas.

Elle sourit.

En attendant la suite de leur conversation, ils regardaient la plage déserte sauf pour un homme et une femme âgés assis sur un banc avec chacun un livre qu'ils n'avaient pas ouvert, et une jeune famille, l'homme et la femme et deux enfants, occupée à construire des châteaux de sable. Tous portaient des tricots.

— J'aime marcher, dit-elle, je ne peux pas toujours. J'en profite pendant que mon autre enfant dort. J'aime des jours comme aujourd'hui.

— Vous parlez bien l'anglais, dit-il en anglais.

— Vous aussi, dit-elle.

— Mais nous avons tous les deux un accent, n'est-ce pas ?

— Oui, dit-elle.

Elle sourit. Elle regardait le lac. Sur son ventre, son enfant dormait.

— Les gens vont penser que nous sommes chargés de surveiller la plage, dit-elle. They'll think we're Security.

Sa vie est bien remplie, pensa-t-il. Elle est jeune. Elle peut braver le monde avec cet enfant sur son ventre.

— Dites, ça n'est pas épuisant de porter ainsi votre enfant?

— Non, c'est mieux que sur le dos. Puis on l'a devant soi, sous les yeux. C'est sa place naturelle.

Elle sourit. Elle est très belle.

Ils aiment ce lac, se redisent-ils, le sable partout, pas un caillou dans l'eau, pas de vase, pas d'herbages visqueux, que du sable, de plus en plus dur à mesure qu'on s'avance dans l'eau, la profondeur progressive, sans surprise. Idéal pour les familles.

— Je viens tous les ans depuis quatre ans passer quelques semaines près de ce lac, dit-elle. J'ai de la parenté dans cette province.

— Moi aussi, dit-il, j'ai de la parenté dans cette province. Je suis venu trois fois ici depuis quatre ans. Pourtant, je vous vois pour la première fois.

— Je vous ai vu l'an dernier, dit-elle. C'était en juillet, il y avait grande affluence de vacanciers. C'était le matin, très tôt. Vous marchiez comme aujourd'hui. Vous regardiez des pélicans.

Ils voulaient continuer la conversation.

— Il y a des chalets partout, dit-il, beaucoup plus nombreux qu'on pourrait croire. Ils sont cachés dans les arbres de cette assez épaisse bande de forêt qui borde la plage. Mais je vous dis ce que vous savez déjà. Je veux dire que c'est bien d'avoir gardé tous ces arbres.

— Vous n'êtes pas d'ici? dit-elle.

(Elle chasse des taons. Elle s'écrie : Ah! those horse flies! C'est leur année, il n'y en a jamais eu autant.)

— Non, dit-il.

— Moi non plus. Je repars pour l'Inde dans deux semaines. Mon mari y travaille pour une usine de produits chimiques.

— Moi, je retourne dans l'est du pays. Je crois que je suis venu ici pour la dernière fois.

— Moi aussi, dit-elle.

Ils conviennent qu'il y a des choses qu'on ne doit plus refaire. Que leur magie s'use.

Ils seraient à des milliers de kilomètres l'un de l'autre, et il y avait entre eux au moins vingt-cinq ans de différence d'âge. Il pensait que tout les séparait.

— Comment s'appelle ce que vous portez pour votre enfant?

— Un snuggly, dit-elle.

— Bien trouvé, dit-il. Confortablement, en sécurité, au chaud.

— Je dois rentrer maintenant. Nice meeting you.

— Nice meeting you.

Il continua sa promenade. Il ne pensait à rien. Il n'avait en tête que l'image, d'abord comme en gros plan au cinéma, puis en plan éloigné montrant tout l'espace, d'une jeune femme portant son enfant sur son ventre devant un lac grand comme la mer.

Il pensa qu'il fallait marcher encore.

Omer mourant

Les prénoms vieillissent mal. Elle me disait souvent, à moi son meilleur gendre (j'étais le seul!), qu'elle se demandait parfois pourquoi l'avoir affublé d'un nom pareil? Omer! Il y a des modes, disait-elle, aujourd'hui une fille s'appelle Linda ou Olivia, ou Demi, Tess; un garçon Serge, Chad, Thierry, Daren, Wendell or whatever. J'ai connu un Bohémier qui s'appelait Ulysse, un Prairie prénommé Euclide, un Magnan baptisé Télesphore. Une Ella. Ella Allaire. Qu'est-ce qu'elle a à l'air? Ha, ha, ha.

Ce jour-là, sur la route conduisant à l'hôpital, elle en rajoutait. C'était pour braver le sort. Une réaction d'angoisse. Son Omer était gravement malade. On lui avait dit qu'il se mourait.

Nous étions venus de l'est fêter son quatre-vingtième anniversaire.

Pour avoir fait partie de la famille depuis quinze ans comme mari de sa fille unique, je savais qu'ils ne s'aimaient pas, ou trop, mal en tout cas. Je connaissais disons la légende, le mythe, toutes les variantes des annales familiales, recomposées, remaniées, rajustées par les raconteurs pour l'ordre interne et la tension dramatique à partir de chaque nouveau coup pendable. Je parle d'Omer.

Il avait été pour elle le fils aîné indigne, bien incapable de remplacer le père et mari fauché dans la fleur de l'âge ; elle, pour lui, la mère abusive. Il la surnommait Jules César ou Napoléon. Ce qu'à peu près tout le monde pensait bien trouvé sans oser le dire, en se demandant toutefois où il avait pris ces références puisque, dès le troisième jour de sa première année scolaire, il avait fait l'école buissonnière et s'était montré pour toute la suite de ses brèves études un génie d'indiscipline, un cancre accompli.

Au physique, plutôt petit, mince et sec jusqu'à son stage de militaire en Allemagne dont il était revenu plus grand, gros et fort et musclé. Il disait que c'était à cause de la bonne bière de là-bas.

Licencié de l'armée (*dishonorable discharge*) pour une faute dont personne ne connut jamais la vraie nature, il achetait des bazous, toutes sortes de minounes qu'il rafistolait, carrosserie et mécanique, et revendait à profit. Une fois, juste pour rire, un corbillard sur le point d'expirer lui-même, une Cadillac modifiée vraiment funèbre dans laquelle il promenait sa sœur et ses jeunes frères pour l'ébahissement du quartier. Le gros moteur faisait parvenir ses vibrations et vrombissements jusqu'au pot d'échappement crevé. Un jour, après l'avoir munie d'un Hollywood muffler, il l'avait recouverte d'amas de fleurs comme pour un enterrement. Des enfants suivaient le corbillard en criant. Il était au comble du bonheur. Il racontait cela comme le haut fait de son bon vieux temps à lui. Il éprouvait encore des frémissements de plaisir en évoquant le regard scandalisé des badauds. Il aimait répéter alors que selon lui le monde entier souffrait de constipation, ce qui provoquait chez lui l'effet contraire.

Il aimait narguer. Mais malheur à qui le narguait! Un soir, à la sortie d'un bar, éméché il avait rendu paraplégique un fier-à-bras qui voulait mordicus se mesurer à lui. Un coup de poing formidable, une prise de lutteur rabattant son adversaire sur des marches de ciment. Puis un procès. Perdu, le procès. Des dommages et intérêts. Une somme importante. La mère avait payé. Elle payait toujours.

Quand il se maria, le croyant casé et assagi, elle avança les fonds nécessaires non seulement pour la noce mais aussi pour l'achat de la maison. Elle avait des économies, son mari lui ayant laissé un commerce de traiteur florissant et qui tournait encore mieux sous sa gouverne. Ces déboursés y firent une large brèche. Et laissèrent beaucoup de rancœur car Omer ne s'était en rien amendé.

Puis trente-six métiers, trente-six misères. Il avait été camionneur faisant la navette entre le Canada et les États au volant d'un *rig* immense. Il avait travaillé pour la construction d'un pipe-line comme *opérateur de machineries lourdes*. Avait fait l'Arctique à l'époque de la DEW (Distant Early Warning), ensuite la Manic, couru après tous les gros contrats. Prêt à tout, quand il n'avait pas trouvé ce qui lui convenait le mieux, il acceptait n'importe quoi, l'important pour lui étant de partir et de *voir du pays*. Il faisait des récits de ses pérégrinations en anglais comme en français, en passant d'une langue à l'autre comme font les bilingues. Contre la menace séparatiste venue du Québec, il défendait le Canada dans les deux langues. Je suis la preuve vivante que ce pays fonctionne, the living proof.

On lui répétait : You have a way with words, something of a gift, tu sais t'exprimer, tu aurais dû faire des études, tu serais avocat ou député. Il en convenait. Mais That's not the way it is, disait-il, en paraphrasant Walter Cronkite avec un sourire. What's done cannot be undone, autre référence tirée on ne savait d'où. C'est pas ça qui est ça.

Dans les intervalles de ses multiples emplois au loin, il avait fait cinq enfants à sa femme (que tout le monde qualifiait de tête de linotte, grandes jambes, beaux seins mais c'est tout ce qu'elle a, et surtout *pas* la femme pour lui) et s'était ensuite acoquiné et accoté avec une sociopathe — c'était le mot de la police — qui l'avait convaincu qu'il ferait sa fortune et la sienne à elle en vendant toutes sortes de concoctions, des solides et des liquides. Des produits naturels. Herbal Renaissance. C'était le nom de la compagnie. Pour ce que j'en sais, une affaire pyramidale à peu près, les vendeurs ne vendant pas sauf à de nouveaux vendeurs et ainsi de suite. Il gardait son humour. Il disait : Ça coûte plus cher parce qu'on n'y a rien ajouté.

Maintenant il était sur un lit d'hôpital, et sa mère était venue lui rendre visite. Brouillés encore une fois, ils ne s'étaient pas vus depuis deux ans.

Il dit : Salut ma sœur, salut beau-frère, hi mom !... Look at this paraphernalia ! I'm being monitored all over the place. Tout ce gréement. Jésus-Christ, c'est comme si j'allais mourir, c'est comme si j'étais embarqué pour mon dernier voyage. But I'm a fighter, a survivor. Don't laugh, mom !

Elle ne riait pas.

Il était immense comme Marlon Brando dans *Apocalypse Now*. On lui avait mis des oreillers sous les reins pour soulager son dos, ce qui avait pour effet de grossir son ventre déjà fort rebondi au naturel. Car en plus d'avoir fait un infarctus récemment, il souffrait selon le dernier diagnostic d'un cancer des os qui s'était logé dans sa colonne. Comme les traitements de chimio lui faisaient perdre les cheveux, il s'était dit autant les perdre au complet d'un seul coup, et il s'était fait raser le crâne. Il expliquait : J'ai une patinoire à poux aussi lisse que celle de Yul Brynner dans *The King and I*. Regardez comme ça brille ! On vient d'y passer la Zamboni... What do you say, mom ? How do I look ? Don't worry, I'm going to get through this. Anyway, I don't give a shit. If I die, I die. But I'm going to put up a fight. What else can you do ?

Il montrait la ville par la fenêtre du cinquième étage. Look at those trees, and those fucking sky-scrapers. This is life, human and inhuman. Les arbres et les hommes. Les beautés, les horreurs. Autant de raisons de s'en aller que de raisons de rester, à supposer qu'on en ait le choix. What do you say, mom?

Elle ne disait rien. Elle n'en disait rien. Elle n'avait rien dit depuis son arrivée. Elle l'écoutait, hochait la tête comme de réprobation pour les gros mots, ce qu'aurait pu penser quelqu'un qui ne la connaissait pas. Mais elle n'était en rien prude, *squeamish*, aurait dit Omer, mais verte au contraire à l'occasion comme personne. Ce geste de dénégation silencieuse pour moi disait autre chose. Comment savoir? On ne peut se mettre à la place des gens, penser, sentir pour eux. Mais à partir de ce que je savais d'elle et de ses rapports avec son fils, je pouvais imaginer son monologue, comme le fils lui-même sans doute. Imaginer leur dialogue muet. Elle devait lui dire, je pense, et se dire: Il est là sur son lit de douleurs, qui sera sans doute son lit de mort, et il n'a pas changé, tu n'as pas changé, il n'a pas changé, tu ne changeras jamais, c'est pas possible, il s'en fait accroire comme toujours, il est comme quand il avait six ans, quinze ans, vingt, il parle il parle. Il se crève les yeux devant la réalité. Et lui devait lui dire, et se dire: Tu branles la tête, tu ne dis rien. Mais je sais bien ce qu'elle pense. Depuis le temps, tu n'as plus de secrets pour moi. C'est comme si je t'avais tricotée, moi aussi. Je sais ce que tu penses.

Ils se regardaient, se mesuraient une fois encore. Se reconnaissaient. Dans leur regard, tout le passé remontait, je crois. Les querelles, les reproches, les raccommodements bons pour deux jours. Les chantages de part et d'autre, toutes les péripéties de leurs amours contrariées. Et d'un regard à l'autre la même féroce vitalité. Comme pour un dernier duel.

Il voulait détendre l'atmosphère. Rompre le silence. Trouver ce qui provoquerait une étincelle, le déclic. Au moins un début de dégel. Qu'elle parle enfin! Qu'elle m'étrille, mais qu'elle parle! Et il se mit à raconter. Ses voyages à travers le pays. Des débuts de récits, des choses qui s'annonçaient bizarres, drôles comme d'habitude. Puis, voyant que cela ne produisait aucun effet, il tâtonnait, bredouillait, à court de mots, lui le parleur. Puis, de guerre lasse, il se pencha et rassembla les deux mains de sa mère dans les siennes et lui dit: Napoléon, you're okay, you're great. Je voudrais bien *regarder* aussi bien que toi quand j'aurai ton âge. Bon anniversaire! I love you, mom. Je t'aime, maman. Il est grand temps que je te le dise.

Ils échangèrent un large sourire et se bécotèrent.

Il mourut deux jours plus tard. Bêtement, comme à peu près tout le monde. Tout détraqué. Morphinisé. La garde qui le veillait, qu'il faisait rire, et qui l'avait pris en affection nous rapporta qu'il lui avait dit en mourant dans son délire: Jesus Christ you're beautiful, je partirais bien pour Hawaï avec toi! Pour Tananarive!

Tout paysager

Dans tout homme sommeille un prophète, et quand il s'éveille il y a un peu plus de mal dans le monde.

CIORAN

À l'exception du lit, qu'il fit mettre sous une fenêtre au fond d'une grande pièce du rez-de-chaussée et d'une table de chevet pour tenir une lampe, il dit aux déménageurs de poser les meubles où bon leur semblait. Ils arrivaient au bout d'une rude journée. Cela devait faire leur affaire, ils iraient plus vite ainsi, et ils pourraient enfin aller souper. Il n'avait rien décidé au sujet de la disposition des pièces de sa nouvelle maison. Il trouverait bien un voisin au moment voulu pour l'aider à déplacer ou monter à l'étage les morceaux les plus lourds.

Il avait hâte qu'ils partent. Il ne pouvait rien contre l'impression absurde que la fin de sa vieille vie et le commencement de sa nouvelle dépendaient de leur départ, étaient liés comme l'effet à la cause et que tout risquait de déraper, d'être remis en question aussi longtemps qu'ils seraient encore là. Il contenait à peine son énervement, son exaltation. Des pensées l'assaillaient en désordre à l'ivresse desquelles il lui tardait de pouvoir enfin s'abandonner. Il se disait qu'elles devaient être visibles sur son visage, étranges. Il voulait paraître *normal*. Aussi évitait-il de regarder les déménageurs en face. Cela serait plus facile, plus naturel s'il s'affairait avec eux à décharger, ce qu'ils parurent apprécier.

Quand tout fut fini, il les régla aussitôt. Son chèque était prêt. Il le tendit au plus vieux, un grand gros qui semblait être le responsable, en tout cas celui qui donnait les ordres, d'un geste décidé qui signifiait à l'autre qu'il avait à le prendre au plus vite, geste accompagné d'un merci concluant, à quoi de toute évidence il n'ajouterait rien. Il se tenait droit, immobile, crispé tout en pensant qu'il se reprocherait plus tard sa brusquerie si peu dans son naturel, se ferait un remords de ce que son attitude pouvait présenter d'excessif, d'inhumain, sans parvenir toutefois à modifier son regard sur le point d'être menaçant, haineux, et qui le devint, il le savait, il se *voyait*, lequel leur demandait non pas d'avoir l'obligeance de partir, mais de quitter les lieux, mais de déguerpir comme s'il les avait surpris en violation de propriété privée, et signifiait qu'il avait tous les droits, y compris celui de les tuer! C'est du moins ainsi qu'il se voyait vu.

Il fit réflexion sur sa violence incompréhensible, si disproportionnée par rapport à la situation et songea un instant avec horreur qu'il suffisait d'en imaginer une égale à la sienne chez tous les autres êtres humains pour comprendre les tueries, les injustices pires que des massacres, les gestes déments des forcenés qui défrayent les chroniques.

Ils partirent enfin. Il laissa peser sur leur nuque aussi longtemps qu'il put son regard de haine. Puis sourit en pensant à la part de jeu qui entrait dans son comportement comme s'il avait abandonné, juste pour voir, sa navigation à quelque pilote automatique. Après tout, il n'avait pas perdu la raison. Il était juste énervé, exalté, angoissé. Il avait décidé de couper les ponts, de se retrancher. Au moment où cela se faisait enfin, mille pensées, mille sensations, tous les chemins de sa vie se réveillaient, tous les instants de sa durée lui étaient redonnés, il en pouvait distinguer à la fois la masse et les détails, tout lui revenait de son passé comme on dit qu'il arrive à ceux qui meurent. Cela rageait à l'intérieur en tourbillons, en pressions contre ses tempes, contre les parois de sa poitrine, cela attendait l'exutoire d'un cri, qu'il ne pouvait pousser en leur présence.

Il les regarda s'éloigner. Il pensa à eux comme aux derniers représentants de la race humaine et, quand le camion s'engagea sur la route de terre en trouant la nuit de ses phares, ce cri qu'il retenait en lui depuis si longtemps, ce cri amoncelé, mûri à point, qui ne pouvait plus attendre, il lui prêta enfin une voix qui s'éleva dans les ténèbres, voix que bientôt il ne put plus reconnaître comme étant la sienne et qui, autonome, continua à proférer longtemps après qu'il eut cessé de la vouloir et en quelque sorte d'y participer. C'était le cri de l'enfant à sa naissance, l'aspiration précipitée dans un cri d'un plongeur revenu à la surface de l'eau quand ses poumons sont sur le point d'éclater. Nul besoin d'un savant analyste pour ergoter sur le sens symbolique de l'événement. C'était à la portée de n'importe quel psychologue de salon. Mais de savoir ces choses en est-on plus avancé? Posez-moi n'importe quelle question, dit-il, je vous répondrai n'importe quoi, et vous trouverez bien pour ma réponse une case toute prête pleine de sens. Ce cri avait retenti dans la réalité. Ce cri était le sien, même s'il avait eu l'impression qu'il provenait d'un autre, comme s'il eût été possédé. Il n'appartenait pas, ce cri, à quelque ciel abstrait des signes comme sur la page d'un poème ou d'un roman.

Je ne suis pas une statistique, je ne suis pas une moyenne, me dit-il. Ne prenez pas cet air condescendant. Je ne vous raconte pas une histoire de fou. Agressif, hargneux, il ravalait ma prétendue science au niveau d'une petite pratique pragmatique, à un art juste une coche au-dessus du courrier du cœur. Ces clients articulés sont comme une oasis de fraîcheur. Ils nous changent du fade ordinaire. Ils secouent la cabane. J'aime. J'achète, comme dit un de mes amis quand quelque chose lui plaît.

Il aurait voulu qu'il fît jour pour faire les cent pas autour de sa nouvelle demeure, faire le tour du propriétaire au complet, donc à l'extérieur aussi, mais la nuit était noire et une petite pluie fine s'était mise à tomber. Il marcha plutôt de long en large dans les deux grandes pièces du bas. Selon qu'il s'en approchait ou s'en éloignait, le seul éclairage de la lampe de chevet projetait son ombre sur les murs, tantôt petite, trapue et ratatinée, tantôt immense et allant se perdre dans les solives mises à nu du plafond. Il s'étendit enfin dans son lit, non tant pour y dormir, il savait bien qu'il n'y parviendrait pas, que parce qu'il était las de marcher, et il était parvenu à calmer son agitation.

J'ai réussi! dit-il à haute voix. Il souriait. Il pensa que son sourire devait ressembler à celui d'un aliéné, il pensa qu'il était seul et il parlait à voix haute! Et alors? Et, par bravade, il répéta la phrase et le sourire. J'ai réussi! Il répéta son *j'ai réussi* dans un crescendo calculé et voulu jusqu'à ce qu'il eût atteint la force et l'ampleur du cri qui avait salué le départ des déménageurs. Puis trouva ses repères dans l'obscurité. Devant la maison, le nord, la montagne; derrière, le sud, les champs, et ainsi de suite.

Il avait fallu les persuader tous qu'il n'avait pas pour intention de recommencer Robinson dans son île. Qu'il n'était pas dépressif ni en burn-out. Il ne tentait rien d'extrême, de draconien. Il écoutait leurs raisonnements, leurs mises en garde, leurs objections en prenant soin de se donner l'air attentif, humble presque de celui qui est tout disposé à se laisser convaincre, à se rendre si seulement on trouve à lui opposer l'argument irréfutable. Il leur souriait, il devait se retenir de rire en pensant que son sourire, mais non le rire, pouvait être interprété comme un signe de gentillesse, de bienveillance alors qu'il était là sur son visage d'abord par jeu, ensuite maintenu par l'ironie du contraste entre tant de salive perdue et le caractère irrévocable de sa décision. On ne quitte pas, répétaient-ils, une brillante carrière d'avocat quand on touche au faîte et encore à quarante-cinq ans ! quand on n'a plus qu'à attendre un an, deux ans tout au plus avant le couronnement d'être nommé juge si l'on y tient. Avocats eux-mêmes, ils auraient pu trouver mieux comme résumé, summing up, comme péroraison ! Mais ne pas les heurter de front, éviter toute discussion, qu'ils ne se sentent pas en danger, méprisés dans les raisons et valeurs qui les maintenaient en vie, surtout fuir comme la peste toute critique du *système*, la facile diatribe, disons réquisitoire contre la course des rats, comme disent les Américains, cela qui n'engage à rien, ne sert à rien sauf à se donner à soi-même, à bon marché, un certificat de lucidité, de dégagement, de recul comme ils disent — telle avait été sa stratégie. Il s'était montré humble, hésitant, faible, et il avait fait à sa tête. Il était sorti sans fracas de la prison des autres. Qu'on le prenne pour un bizarre, tout ce que vous voulez, c'était leur affaire.

Ensuite, toujours pour exclure de son comportement tout spectaculaire, pour paraître normal et naturel, il avait modéré sa hâte dans le choix d'une maison, avait trouvé raisonnable le compromis de ne pas la chercher trop loin de la *civilisation*, plutôt près d'une petite ville, et près d'une route à cause de l'hiver, et raisonnable aussi le point de vue qu'on ne peut profiter de sa solitude si sans cesse l'occupent et la dévorent les soins du quotidien. Il se souvenait d'avoir lu qu'on ne trouve pas Dieu dans le désert parce qu'on y a la tête ailleurs à se prémunir contre les araignées, les serpents, les scorpions, les vents de sable, mais plus facilement dans une chambre d'hôtel. Dieu. Il s'agissait bien de cela !

Il s'était fait accompagner d'amis, hommes ou femmes, pour évaluer très sérieusement les mérites et les défauts des maisons qu'on lui faisait voir. Celle où il était couché en ce premier jour de son installation avait inspiré cette remarque de l'un d'eux, un homme : Moi, tu sais, un toit dans cet état, ça m'empêcherait de dormir. Et les considérations d'un autre, une femme : Telle quelle, elle n'est pas belle, mais elle est intéressante, on voit ce qu'on pourrait faire avec. Il faut abattre cette porte d'arche démodée entre les deux grandes pièces, et remplacer, bien sûr, ce ridicule papier peint rayé qui fait pyjama. Magnifique, cependant, ce foyer en pierres des champs, si rustique. Mais il lui faudrait des portes étanches, un pare-étincelles ne suffit pas. Faut tout de même pouvoir aller se coucher tranquille quand on a fait du feu.

À quoi il pensait le premier soir, couché, les mains sous la nuque et souhaitant maintenant le sommeil pour arriver plus vite au matin du premier jour de sa nouvelle vie.

On lui avait dit qu'il y avait une montagne devant sa maison et, du côté de la ville, un grand lac qu'on voyait par temps clair, lequel bien qu'étant éloigné d'au moins dix kilomètres vous donnait l'illusion par une sorte de télescopage de la perspective, effet des hauteurs où l'on se trouvait, d'être à vos pieds et si près qu'on aurait pu croire facilement pouvoir y plonger. Mais au cours de ses deux visites d'acheteur, de prospect, comme ils disent, il n'avait presque rien vu de ces merveilles que lui vantait avec beaucoup d'application l'agent immobilier, comme s'il eût eu pour but d'ajouter à celui de la maison le prix du paysage. C'était, comme en ce jour de son déménagement, par temps froid, humide et venteux. Rien du lac n'était visible, et la montagne ne se découvrait qu'en partie, jamais au complet même dans les rares moments de relative accalmie des ruées de nuages mauves et noirs qui venaient s'effilocher contre son sommet ou sur ses flancs. Il avait fait remarquer la première fois au vendeur — et c'était bien là la preuve qu'il était en possession de tous ses moyens — que pour l'instant ce qu'il voyait de plus visible, c'était une vache, écartée d'un troupeau sans doute, qui paissait dans le pré près de la maison — façon de parler, sorte de marais plutôt — et qui faisait entendre un bruit de ventouses quand ses pattes s'arrachaient à la vase avant d'en faire entendre, repue et déféquant, un autre rimant avec le premier! Pas étonnant qu'il y eût de l'eau dans la cave. Et vlan! À d'autres, maquignon!

Maintenant, en ce premier matin de son installation, il voyait en plein soleil et le lac et la montagne. Sous le ciel d'une profondeur vertigineuse parce que la lumière était ce jour d'une pureté absolue, un vaste espace de verdure moussant et houlant sur des collines s'ouvrait dans ces deux directions. Dans son laïus de carte postale le guide avait certifié que c'était beau, magnifique, sublime, et il attendait le moment qu'il dise tout paysager, comme dans les petites annonces. Et il pensa que son encanteur eût été plus précis, mieux avisé de parler d'ampleur, de générosité, de tranquillité, de majesté indifférente sans morgue, sans pose, sans rien d'exagéré, d'absence d'oppression, même de cette montagne qui s'élevait assez loin pour ne pas offusquer les regards.

Trouverait-il la sérénité dans ce décor? Comment rester petit et mesquin, crispé, agressif et haineux au milieu de cette calme profusion? Aurait-il un jour un cœur égal à cette richesse, lui serait-elle un jour fraternelle, épousée? Avait-il attendu un trop long temps d'exil pour espérer? Espérer quoi? Pourquoi ces questions maintenant? Avaient-elles un sens? Il fallait que ce fût ce paysage qui les lui inspirât. Avant ce jour, il ne s'était jamais posé ce genre de questions, elles n'étaient pas urgentes. Oui, je sais, dit-il, cela paraît confus.

Aller au plus pressé d'abord. Partir. Partir sans peser le pour et le contre. Partir, partir. Il criait maintenant. Il avait laissé aux autres le soin de trouver à sa place une justification philosophique à son retranchement, les nobles buts décoratifs. Et, bien sûr, avaient pullulé les points de vue contradictoires, chacun selon sa spécialité proposant le salut en trois leçons faciles, de ces petits gourous dépourvus d'ambition, sans excepter du nombre quelques-uns de ses amis, qui ont remplacé dans notre monde les grands gourous totalitaires d'autrefois; gourous à tous les coins de rue débitant leur camelote. Peut-être était-ce cela qu'il avait fui. Partir pour fuir, n'est-ce pas suffisant? En tout cas, et c'était bien là la preuve de sa solidité — il croyait illusoire d'attendre la paix ou on ne sait quelle régénération comme par magie dans le contact avec les choses muettes de la nature si vous n'allez vers elles uniquement parce que vous avez fini par trouver intolérable la vérité des visages.

Il avait pour arrière-cour, à l'extrémité de ses trois acres de terre, un champ en culture duquel il ne voyait, sa propriété étant sise au bas d'une pente, que le commencement et qui se terminait par une forêt dont il n'apercevait que la cime. Il constata avec satisfaction, soit qu'ils fussent cachés par les arbres ou escamotés dans une déclivité du terrain, qu'aucune habitation, aucun bâtiment des fermes qu'il savait voisines n'étaient visibles.

Sa propriété! Il se disait qu'avec ses trois acres, au Bangladesh, il serait riche, en quelque sorte latufundiaire, et qu'il pourrait tirer l'essentiel de sa subsistance désormais d'une exploitation raisonnée de son domaine. Élever des poules, des lapins peut-être, un goret? En tout cas, il ferait un potager. Il braverait ainsi l'idée reçue selon laquelle il y a embourgeoisement de rentier à planter des tomates pour les regarder pousser, plaisir sans risque à la portée de ceux qui ont passé le temps d'aimer ou qui ont renoncé par peur ou impuissance aux grands frissons. Mais non! il ferait un potager parce qu'il ferait un potager. Parce que. Comme disent les enfants. Qu'avait-il à faire maintenant de la pensée des autres, de leurs jugements? Les autres! Ils étaient toujours là. Ils seraient là encore, sans doute, un certain temps. Mille bouches bougeaient dans l'ombre, une hydre à mille têtes dans le soleil. Il voyait l'innombrable mouvement des lèvres, entendait leur jacasserie en lui et hors de lui comme dans une hallucination. Mais elles se tairaient un jour, s'affaibliraient comme un écho, disparaîtraient. Un jour il aurait tranché toutes ces têtes !

Pour l'emplacement du potager, il fallait choisir un espace du terrain où la pente était le moins prononcée. Pour réduire l'érosion, il en corrigerait l'inclinaison en relevant la terre avec une bêche dans les parties basses.

Il fit labourer. Les sillons gras étaient lisses et luisants comme les oreilles de la charrue ; luisantes aussi d'humidité les innombrables roches retournées. « Si vous voulez de beaux légumes, dit le fermier, il faut mettre de l'engrais, ici la terre est maigre, pour recevoir il faut donner. » Il répéta cette formule, lentement, qu'on aurait pu croire le mot de la fin de sa sagesse champêtre, alors que ce n'en était que le début. Il en avait d'autres en réserve qu'il fit défiler à la queue leu leu, des axiomes d'almanach sur tout, les graines de semence, où se les procurer, quand semer, le dérochage, la lune et les étoiles ! Voulait-il impressionner un monsieur de la ville ? Il était intarissable, peu paysan. Il fallut l'interrompre... Donc il y avait des lois de fermiers et pas seulement des lois d'avocats. Il y avait des lois partout, pour tout. Elles vous précèdent. Elles enserrent le monde dans leurs tentacules, elles ont pour ainsi dire des intelligences dans tous les milieux. Il y a des morales, des raisons, des prisons toutes prêtes sous la forme d'hypothèses de travail provisoires en attendant la Vérité. Tout l'espace est occupé, arpenté, quadrillé, cadastré. Le bavardage humain est infini. On est venu trop tard dans un monde trop vieux. Comment même imaginer non des bonheurs, mais seulement naître, mais des malheurs nouveaux ? Rien n'est vierge, tout est terni ; singes lubriques, tout s'est défloré sous nos trémoussements ridicules.

Il dérocha. Il empila les roches près d'une clôture où il y en avait déjà en quantité en pensant qu'il y en aurait d'autres quand il n'y en aurait plus puisque le fermier lui avait expliqué comment elles poussent l'hiver ! Au lieu de faire passer la herse à disques, il détourba lui-même. Comme prévu, il releva la terre pour réduire la pente. Quand il eut fini, il y avait un fossé tout autour du terrain, dont la profondeur allait s'accentuant jusqu'au point le plus bas. Rien de mieux comme drainage. Il s'étonna que le fermier ne lui eût pas débité là-dessus quelque maxime pour sanctionner à l'avance le bon calcul de ce travail.

En bêchant, il regardait les vers de terre énervés puis, relevant la tête, la montagne, le lac, les arbres agités par le vent. Le ciel. Le contraste l'émouvait entre cette vie infime se tortillant et se hâtant de s'enfouir à nouveau et l'immensité du décor. Il s'arrêtait et rêvait, appuyé sur sa bêche. Il n'était pas de ceux pourtant que le spectacle de la nature plonge en extase, qui restent en contemplation devant un arbre soit sincèrement ou par comédie de raffinement et de grandeur d'âme. Voilà que devant ces choses il perdait même toute notion du passage du temps. Il déplora qu'il n'y eût pas de sentence de fermier ni de sentence d'avocat pour enclore en termes précis, irréfutables ou mémorables, rassurants, le sentiment qu'il éprouvait d'une énigme, d'un mystère à résoudre. Le sentiment seulement, la sensation à l'origine du sentiment, non le mystère, s'il y avait mystère, il n'en demandait pas tant. Peut-être saurait-il un jour pourquoi le bouleversait l'opposition entre le grand et le petit et l'impression non seulement d'en être le relais mais de la contenir en lui-même, d'en être la réplique exacte, de voir en lui-même le même espace infini s'ouvrir de l'un à l'autre. Était-ce en quoi résidait le mystère, qu'il éprouvât autant de plaisir que d'angoisse à se concevoir comme frêle embarcation ballottée sans repères hors du temps, plutôt dans un temps sans seconde, sans minutes, sans heure, sans destination sur une mer démontée. Fasciné et menacé. Libre. Naturel. Le souvenir lui revenait de pages lues au collège qui tournaient autour de ces choses, lui semblait-il, qui lui avaient paru alors sans intérêt, autant de verbiage.

Il eut des courbatures le lendemain du premier jour. Rien d'alarmant. Des raideurs dans les bras, les épaules, le dos. Ce qui était normal. Il avait depuis longtemps, depuis sa jeunesse sportive perdu l'habitude de l'exercice physique, rien fait de plus exigeant que de monter les degrés de béton du palais de justice et parcourir cinq cent mètres avec des collègues vers son restaurant préféré. C'était une bonne fatigue, pas désagréable, différente de celle qui vous vient, nerveuse et malsaine, du *travail de tête*. Il avait lu quelque part qu'un muscle non entraîné s'empoisonne des résidus de la combustion qu'il n'arrive pas à éliminer et qu'en ce cas le mieux est non pas de le dorloter, de le *favoriser* comme disent les sportifs télévisuels, mais de le soumettre de nouveau au même travail pourvu que ce soit à feu réduit, si l'on peut dire. La combustion, dit-il, vous savez, tout est là, la combustion, c'est la vie ; la mort, la fin de la combustion, l'extinction des feux. La fin des brûlures. Mais j'ai dit un mot de trop. Je sens que le Freud en vous frétille. Mais poursuivons.

Il continua donc à travailler. Les courbatures s'accentuèrent et se logèrent toutes dans le dos. Se redresser maintenant quand il avait lacé ses chaussures ou s'était penché pour ramasser un objet exigeait un effort douloureux. Chaque fois il avait l'impression terrifiante que son dos allait se rompre s'il n'était déjà cassé pour de bon. Il rageait que son attention fût tout entière sollicitée par son dos malade et de ne pouvoir plus s'abandonner en toute liberté d'esprit aux charmes de son exil. Ne pouvoir plus être ouvert, réceptif et présent au simple bonheur d'être. D'être au milieu des choses de l'univers, en continuité avec elles, de respirer, simple bonheur, simple élan vital, volonté de vivre venue du fond des âges, et qui naît avec nous, et qui nous a portés, vous comme moi, et nous y maintient, à la crête absurde de la dernière vague de la dernière marée, respirer, répéta-t-il, simple bonheur qui seul excuse finalement, fait comprendre au moins, étant donné toutes les horreurs dont on est solidaire en respirant, la lâcheté de ne pas s'enlever la vie. Quand on a fait table rase, c'est ce qui reste. Vous voyez, je dérape. Quelle logique !

Il se résigna à consulter un chiro, qu'il trouva dans les pages jaunes de l'annuaire. Il se rendit chez lui dans sa vieille Volvo bourgeoise d'un vert profond délavé. Aux approches de l'agglomération des pancartes disaient: Attention à *nos* enfants c'est peut-être *le* vôtre !

Le chiro, pansu et bon enfant comme le renflement de sa panse, vérifia à l'aide d'une machine les *cylindres,* parla pour expliquer le tour de reins de *pentures* rouillées avant de le faire coucher sur le ventre sur sa table et de lui faire craquer d'abord par une brusque pression des mains la colonne en plusieurs endroits, ensuite le cou par une épouvantable torsion à droite et à gauche, en disant pour décrisper son patient qu'en dix années de pratique il n'avait jamais tué personne. La pièce où il œuvrait était tapissée, outre une belle planche anatomique des vertèbres qui lui apprit qu'il y en avait de *sacrées,* de pancartes dont l'une disait: Ici le sourire est de rigueur, une autre: Crédit demain, une autre: Je t'aime, et une autre, énorme, reproduisant in extenso en traduction un affreux poème de Rudyard Kipling, gluant de moralisme, visqueux, lépreux, où un père s'adresse à son fils pour lui dire tout ce qu'il doit accepter et affronter pour devenir un homme. Tel père tel con.

Le chiro lui prescrivit ce qu'il pouvait faire par lui-même en attendant une deuxième séance de craquements, divers exercices, le principal desquels, qu'il illustra comiquement en imitant les girations et minauderies d'une strip-teaseuse, consistait à écarter les jambes comme si vous enfourchiez un percheron, pour imprimer au pelvis une belle rotation d'abord dans le sens des aiguilles d'une montre, puis dans le sens inverse, coun-ter-clockwise. Il lui remit aussi une brochure, à quoi il donna le nom menaçant de *pamphlet*, détaillant les merveilles que procurent au corps et à la colonne en particulier — car tout retentit sur la colonne, et c'est la colonne qui soutient tout l'édifice, c'est la clef de voûte, car tout retentit, et directement les toxines de la merde qu'on absorbe — les bénéfiques merveilles d'une saine alimentation. Il était aussi intarissable que son fermier.

Après trois visites il n'eut plus au creux des reins, dans la partie *sacrée*, qu'un lancinement lointain, étouffé, comme un vague souvenir de son mal, et il se demandait dans quelle proportion il fallait attribuer son mieux soit au temps et aux forces de la nature, soit à la science du chiro.

Il reprit ses travaux de jardinage, ragaillardi, heureux du mouvement de ses muscles au soleil. Le corps est une usine dont la machinerie complexe risque plus de se détraquer dans l'inactivité qu'en opérant à plein régime, ce que savent et redoutent par-dessus tout les patrons d'usines durant une grève. Il regardait le lac, la montagne, les jeux du vent et de la lumière dans les arbres, le chatoiement de l'herbe et des feuilles remuées.

C'était un bel été, pas trop chaud, sec, ensoleillé et, quand il pleuvait, c'était surtout la nuit.

Après quelque temps il constata avec plaisir qu'il vivait maintenant au jour la journée, sans projet, sans stratégie, car pouvait-on donner les noms de projet et de stratégie aux tactiques improvisées auxquelles il avait recours pour le porter du jour au lendemain ? Petites béquilles. De ne pouvoir s'en passer pour vivre absolument dans l'instant lui fut un mystère et une source d'irritation. Il éprouvait mépris et dégoût d'avoir et de voir toujours en lui-même le singe du lui-même d'autrefois, sa caricature, son double clownesque increvable qui persistait à jouer la comédie de l'avenir et de l'espoir. Une attente toujours, toujours une tension comme si la minute qui vient devait vous conduire au seuil d'un paradis alors qu'elle n'ouvre, comme toutes les autres, que sur le vide, et recommencent le mirage, la trépidation, l'agitation, la fébrilité, l'aura de la danse de Saint-Guy, les palpitations ridicules de l'espérance. Impossible de retirer de son cou le carcan du temps, les poucettes de l'esclave, les chaînes du forçat. De là le triomphe des religions, des techniques diverses de l'effacement et du renoncement, le verbiage des mystiques du rien divin, de tous les colporteurs et commis voyageurs du néant. Comment faire le vide sans tomber dans ce vide ? Comment oublier, recommencer, être neuf et vierge, comment guérir de la démangeaison de l'avenir ? Contradiction. Vivre. Ne pas vivre. L'idéal : être une bête.

Une voisine vint lui rendre visite pour lui souhaiter la bienvenue dans la contrée et lui emprunter, vrai ou faux, une ration de café. Légère et court vêtue, accorte et rebondie avec des taches de rousseur dans l'échancrure du corsage au voisinage de merveilles très conscientes d'elles-mêmes — et son double clownesque s'agitait, et maintenant il se réveillait parfois la nuit, troublé en rêve par le fantôme de femmes aimées. Jamais rien de précis, des mélanges, des détails, jamais une personne complète ou identifiable, mais un sein, une chevelure, une hanche, un timbre de voix, une jambe, des lèvres, un grain de beauté au coccyx, une parole. Je sens que le Freud en vous frétille. On pense, on désire. On n'y peut rien. Vapeurs et suintements de la jarre de Pandore. Et au cas où vous ne le sauriez pas, dit-il en ricanant, mais vous devez le savoir puisque vous êtes spécialiste en mythes, c'est de la jarre de Pandore que sont sortis tous les maux de l'humanité, on dit boîte ordinairement, je sais, sans doute pour garder l'image du cadeau!

Se débarrasser des soucis du quotidien parmi lesquels le toit de sa maison qui fuyait, irriguer ses marais Pontins. Ensuite, peut-être, rêver. Flotter. N'être qu'une moisissure, un scintillement, une petite palpitation dans le cosmos, un battement d'étoile. Vider à force de vie absente le sac de la mémoire. Pourquoi n'avait-il pas choisi une maison où il n'y eût eu rien à faire?

Il descendit dans la cave qui l'avait inquiété, qu'il n'avait pas voulu revoir, qu'il aurait aimé oublier. Il fallait y circuler courbé pour éviter de heurter la tuyauterie du système de chauffage et les clous du plafond. Il devait en plus à tout bout de champ enlever de sa face avec un frémissement de dégoût voisin de l'horreur la résille collante de toiles d'araignées. Il y en avait de superposées, épaisses comme des laines, comme si des générations de bestioles avaient recommencé aux mêmes endroits le même travail. Et bien sûr, il y avait encore de l'eau comme lors de sa première visite. Elle affleurait à la surface du concassé qu'on avait épandu soit pour niveler le fond de terre battue ou ne pas marcher dans la boue, soit, plus sûrement, pour donner l'illusion — au propriétaire ou à un éventuel acheteur, que tout était normal. Travail d'amateur, supercherie, recours au masque, solution temporaire, seule possible, excusable peut-être étant donné l'âge de la maison qu'attestait encore le caractère composite des matériaux des fondations dont une moitié, du côté sud, était faite de pierres des champs taillées au petit bonheur et lutées çà et là dans les interstices, et l'autre, plus récente, en béton. Avait-on soudé ensemble deux petites maisons pour en faire une grande? Intéressante, rustique, elle fait très vieille maison de campagne, du cachet, une âme, une vraie cave, une physionomie originale, burinée par le temps et comme la tête d'un homme de cinquante ans où les qualités sont solidaires des défauts, inséparables, une habitation humaine à trois niveaux — je sens que le Freud en vous frétille —, il se répétait, me répétait les commentaires d'amis, en rajoutait, ironique.

L'humidité luisait sur la maçonnerie surtout du côté des pierres. L'eau au sol devait provenir de la transpiration quasi imperceptible mais continue des parois de pierre et de béton. Une odeur de ranci, de bois pourri flottait dans l'air épais. Il fallait aérer pour ne pas avoir à avaler, quand il mettrait en marche le système de chauffage, cette soupe infâme. Il s'avança vers l'unique fenêtre aux dimensions d'une lucarne pour en actionner le double châssis horizontal. C'était dans la moitié en béton non éclairée directement par l'unique ampoule vissée au plafond dans la partie en pierre. Ce qui expliquait la présence opportune d'une lampe baladeuse laissée là en permanence. Sa cage protectrice était accrochée à une lanière de métal retenant la tuyauterie et dont on avait fait courir le fil, pour le maintenir au sec, sur les clous d'une solive. Vous me suivez? dit-il. Essayez de vous imaginer les choses. C'est pour ça que je donne des détails. Il s'en munit, de cette baladeuse. Et c'est à ce moment qu'il vit les premiers champignons.

Il connaissait comme tout le monde à peu près la chanterelle commune au goût fruité, pets de sœur ou pets de loup, la maléfique amanite vireuse qu'il n'aurait pu cependant différencier de la phalloïde, car pour lui tout champignon ressemblait à un sexe dressé circoncis. Il ne pouvait savoir, ce qu'il apprit plus tard dans un Larousse, qu'il avait devant lui des auriculaires oreilles-de-Judas, qui ressemblaient aux oreilles de Christ des cabanes à sucre, des clavaires en crête et en chou-fleur, des craterelles corne d'abondance et des gyromitres dont le chapeau avait l'aspect d'une cervelle, et bolets blafards, bolets Satan vénéneux. D'avoir un nom eût réduit l'horreur qu'il éprouvait devant ces gibbosités du béton et du bois, cette obscène prolifération de vie spongieuse.

Il essayait de retrouver dans sa mémoire parmi la masse d'informations que déversent sur le monde radio, télévision, journaux, revues et digests, et qui donne à tout un chacun l'impression de tout savoir sans rien connaître, celles se rapportant aux champignons. Il y trouva que les champignons préfèrent les sous-bois aux caves et les arbres au béton, qu'ils prospèrent à l'humidité, poussent en une nuit, et qu'on fait souvent aux mycologues comme aux joueurs d'échecs la réputation d'êtres bizarres, inquiétants, diaboliques. Bien sûr, des champignons il lui arrivait comme à tout le monde d'en avoir dans son assiette, mais aux formes familières, espèces et genres apprivoisés, au même titre que l'ail et le poivre : cèpes, morilles, etc.

Sans plus penser aux champignons, il termina son travail de maraîcher en herbe, profita pour combler son marais de ce que la municipalité avait trouvé bon de recreuser les fossés le long de sa route en faisant savoir par une circulaire que quiconque pouvait réclamer sans frais la terre enlevée comme terre de remplissage. Il eut ainsi une petite chaîne de montagnes de boue dans sa cour et de profondes ornières dans l'entrée, laissées là par les mastodontes grognants, rageurs, et sifflant, crissant quand ils faisaient basculer leurs bennes. Il fit niveler tout ça et il y eut moins d'eau dans sa cave, mais, curieusement, encore plus de champignons. Ils prenaient appui maintenant les uns sur les autres comme s'ils se reproduisaient par scissiparité, comme des paramécies. Ils formaient des stalactites et des stalagmites, car il y en avait maintenant au sol, où il marchait dessus et ils s'écrasaient et ensuite reprenaient leur forme comme des ressorts. Au rythme où ils croissaient, ils occuperaient bientôt tout l'espace disponible. Cela ressemblait à la végétation folle d'une forêt tropicale très colorée. Peut-être finiraient-ils par absorber l'humidité ambiante ? Il avait beau se répéter qu'ils ne présentaient sans doute aucun danger, il éprouvait répugnance et méfiance devant cette exubérance de vie incompréhensible, et l'impression désagréable d'avoir à partager son toit avec un rival hypocrite et mal intentionné.

La voisine aux rousseurs revint, cette fois pour un peu de sucre, vrai ou faux, à qui il fit part de sa découverte. « Ah ! les champignons, dit-elle, c'est-tu incroyable, il y en a eu dans toutes les maisons de la région. On était inquiets, on a présenté une pétition au conseil municipal pour qu'il fasse enquête, car on s'est dit que peut-être c'était lié aux émanations de radon. On nous a recommandé en attendant de nous en débarrasser, de les couper aux ciseaux, au sécateur, à la faux s'il le fallait, allez au plus pressé, ne vous laissez pas envahir, dirent-ils, je veux dire le maire et les autres, et selon eux il y avait tout à parier que le phénomène était dû à une suite d'étés pluvieux, ils riaient, coupez et mangez les espèces comestibles, dirent-ils, profitez-en, c'est pour rien. On coupa et on mangea jusqu'à l'expiration des stocks ! Faites comme ça, coupez et mangez », dit-elle.

Il coupa mais sans manger. Les champignons repoussaient de plus belle. Pourvu qu'ils restent dans la cave.

Il avait installé une table et un fauteuil près de son lit pour lire et écrire. Écrire d'abord des lettres à ses amis, hommes ou femmes, pour les décourager de s'intéresser encore à lui, leur dire adieu. Écrire aussi les pensées qui lui venaient dans son isolement, enfin pensées c'est beaucoup dire, donner une forme plutôt au murmure interne irrépressible. C'était pour lui nouveau d'écrire sans avoir à convaincre un juge ou un jury, écrire pour dire qu'il fait beau, que le soleil luit, mon dos ne me fait plus souffrir, un oiseau chante, caché dans le sapin, la nuit vient, l'horizon rougeoie, les champs sont roses, mon cœur bat, je suis vivant. Il écrivait vite, sans réfléchir, sans retouches, une succession sans lien les unes entre les autres de courtes phrases déclaratives. L'équivalent de la parlerie sur la pluie et le beau temps et les petits soucis, ce qui lui faisait horreur dans sa vieille vie.

C'était pourtant différent. Les mots mis sur la page au hasard, gratuitement, sans destinataire semblaient vivre de leur vie propre ou vouloir rivaliser *en réalité* avec les objets autour de lui — mes champignons à moi, dit-il — en prenant la consistance du roc, ou bien, légers, ces mots, laissant miroiter à leur surface la promesse de trésors et comme l'entrée derrière eux d'une caverne aux profondeurs insondables. Découverte naïve, dit-il en ricanant, à la portée du premier écrivailleux venu, dont il s'enchante comme l'enfant qui a trouvé les délices de son petit jésus. Et l'un actionne les mots et l'autre son zizi, sauf votre respect, vous voyez, sur ce divan, enfin ce bon fauteuil, comme vous me l'avez demandé, je dis tout ce qui me passe par la tête.

Dans la pièce où il écrivait, des champignons se mirent à pousser tout autour sur les murs. Il décrivait sur la page blanche leur progression. Il les passa au sécateur. Peine perdue. Il leur fallait deux heures pour repousser.

Il voulut s'installer à l'étage où il y avait trois chambres. Elles étaient toutes envahies. Les champignons y poussaient serrés, prenant appui les uns sur les autres. Aucun espace où circuler, où s'établir. Il revint au rez-de-chaussée.

Un soir il écrivit sans improviser, en pesant bien chaque mot: je suis angoissé, angustiae angustiorum, nominatif et génitif, passages étroits, cols, souvenir de collège. Tout aussitôt un pan de mur de champignons se tavela, s'effondra, disparut. Puis il essaya une autre phrase en pensant, en pesant bien chaque mot et dans une grande contention d'esprit: les enfants sont intelligents, et un autre mur de champignons se recroquevilla, se ratatina, mourut. Cela faisait au sol une fine poussière, comme des cendres. Puis il écrivit: la nuit est plus claire que le jour. Pour le même effet. Puis des phrases empruntées, souvenirs de collège: l'homme est un roseau, je est un autre. Et les champignons disparaissaient. Et il écrivait sans relâche, comme ivre, emporté. Et il irait dans la cave, et il irait à l'étage avec ample provision de pages blanches!

J'ai biffé dans ses diatribes, dans ses effets de manche, dans son nihilisme tonitruant, tonifiant pour moi, somme toute. Car vaut mieux la rage que l'eau de rose. Je l'ai sur cassettes de sorte que je peux le réentendre à volonté, explorer son soubassement motivationnel, soit dit sans ironie, et surtout écouter ses silences, ce qu'il ne dit pas. Ce qu'il dit dans ce qu'il croit dire.

J'ai voulu mettre de l'ordre dans sa *déposition*, la résumer pour neutraliser l'envoûtement de sa parole, sa démagogie d'avocat.

Intrigué, j'ai fait enquête. Pour la forme. Il n'y a jamais eu chez lui, pas plus qu'ailleurs, envahissement de champignons. Je m'en doutais. Il y a le vrai et il y a le réel. Le réel, c'est ce qu'il dit.

Pendant que j'écris ces lignes, je le vois dans le couloir par la fenêtre et la porte vitrée de mon bureau. Il est heureux, presque hilare. On vient de lui remettre trois rames de papier vierge dont il s'est fait un bloc-notes énorme, et il écrit très vite et regarde autour de lui tomber d'invisibles champignons.

Quoi que les gens pensent, on s'ennuie souvent dans mon métier. La plupart des fous, que j'aie le courage de le dire en plus de dire fous plutôt que d'employer quelque euphémisme à la mode, sont juste fous et on ne sait trop pourquoi.

Il a dit aussi que je n'ai rien entendu encore. Que bientôt il va passer aux vraies choses. Il dit que jusqu'ici il a raconté des mensonges. Je m'en doutais. J'attends. J'écouterai cet autre qu'il est. Il sait parler, et plus il parle pour ne rien dire, plus il se livre. Et il le sait ! Enfin, je crois, je ne suis sûr de rien. Il m'énerve un peu. J'aurais beaucoup à dire. Terminons.

Ce genre de client lucide est une bénédiction.

Any mail ?

Il faisait un tel silence qu'on entendait distinctement chaque bruit.

JEAN GENET

Au Nord, on se les faisait geler, disait Massereau de Biarritz. J'ai mis du temps à comprendre que c'était les couilles, ça n'était pas plus menacé que le reste, sûrement moins que le bout du nez, mais il y avait une certaine logique là-dedans puisque les couilles et tout ce qui s'y rapporte étaient un grand sujet de préoccupation, de conversation, en tout cas elles dépassaient en importance tout ce qui pouvait se tramer dans les deux grands hémisphères. En ce canton perdu de l'univers, infinis dans notre nature mais bornés dans nos vœux, on se foutait pas mal de tout le reste, fractures et

161

plissements de l'écorce terrestre, tornades, cyclones, famines, épidémies, pressions de toutes sortes annonciatrices de bouleversements dans le grand corps agité de l'Histoire, températures variables de la guerre froide, la crise du canal de Suez, bref Nasser et tutti quanti pouvaient aller se rhabiller. Personne là pour interroger l'être dans sa plus grande généralité. Pain et beurre. Chaud et froid. Nord et Sud. Brass tacks. Couilles.

Nous formions dans ce camp une société en miniature semblable en tous points aux plus grandes, sauf que dans la nôtre la bêtise, la méchanceté ou la bonté s'y montraient à l'état pur, à visage découvert, comment dire ? sans les grâces, distractions et faux-fuyants que l'on trouve dans le monde civilisé disons. Question de nombre sans doute. Il n'y avait pour ainsi dire pas d'intermédiaire entre le produit et sa vente, entre l'offre et la demande. Rien pour brouiller les grandes figures du hasard et de la nécessité. Un monde simplifié. Dans nos tentes battues par le vent et la neige, le blizzard, disait Massereau, on était loin des courbettes de salon, non qu'il n'y eût comédie, car mettez quelques humains ensemble et elle renaît (ben oui, il y a un moraliste en moi ; rassurez-vous, il s'essouffle vite), je veux dire que l'extrême nudité de tout favorisait une certaine nouveauté et fraîcheur dans l'invention des chinoiseries et des masques. Le monde recommencé. (Je dis *nous* non pas pour les quelque cent cinquante hommes du camp, mais pour ceux que j'ai connus. Massereau de Biarritz, bien sûr ; Gaudet de Roberval, Champoux de l'Abitibi, West — le bien nommé — du Manitoba. On avait manœuvré pour partager la même tente Atwell.)

Il y avait, bien sûr, là comme ailleurs, des chefs et des sous-chefs avides de prendre leur place, et une foule de naïfs qui pensaient que c'était pour leur bien, et des décrochés comme moi qui jouaient les spectateurs pas tout à fait concernés, avec leurs idées de derrière la tête gardées là on ne sait pour qui ou pour quand, en se berçant de l'illusion de ne faire partie ni des uns ni des autres, vous savez dans le genre de l'*innocent bystander* dont on mentionne la mort dans les faits divers. J'avais au moins l'excuse de la jeunesse et de penser, comme nous l'avait affirmé un prof, que rien ne pouvait être de plus de conséquence dans le train-train du monde que ce qui se passait dans le cœur de Phèdre ou d'Andromaque. Ou autre connerie semblable.

En fait, cette société, une sorte de prison. Un monde sans femmes, bien qu'il n'y en eût jamais rôdé en si grand nombre dans les rêveries des hommes — et on en parlait, comme s'il s'agissait de battre un record, avec une surenchère d'épaisseur, de crudité, d'énorme et de truculent, d'excessif dans l'obscène. Ah! le jour où l'on descendrait dans le Sud, boy oh boy, ostie, et c'était le début de virées de sexe imaginaires et épiques racontées dans le détail et qu'alimentaient les impressions récentes et témoignages de nouveaux arrivants ou de ceux qui, après avoir flambé en quelques semaines leurs économies dans le Sud, n'avaient pas trouvé mieux que de revenir se *les* regeler au Nord.

Une sorte de prison, sauf pour un nombre indéterminé d'entre nous qui se trouvaient là comme au paradis. C'était extraordinaire. Et assez horrible. Enfin, ça l'est devenu. J'ai mis du temps à voir, j'ai mis du temps à comprendre. Je me dépêtrais, je barbotais encore dans mon adolescence comme un poisson aveuglé dans la vase d'un marais, comme dans une sauce épaisse. Ayant grandi au milieu de soutanes comme tant d'autres de ma génération, je me croyais passé maître dans l'art de transformer les inévitables remuements du sexe en nobles élans de l'esprit. J'étais parti de Winnipeg avec une malle pleine de livres. C'était ma carapace contre le monde réel, je les lisais et relisais, on m'en faisait parvenir d'autres du Sud, j'y trouvais avec délices les déguisements, mensonges et enrobages dont j'avais un si pressant besoin. Étais-je insensible à leur poids d'humanité et d'art ? Je ne sais et ne veux pas noircir le jeune homme que je fus exprès pour faire contraste, fausse fenêtre pour la symétrie avec quelque sagesse venue plus tard, car encore faudrait-il savoir ce que veut dire sagesse — autre système, autre complexe, autre ensemble d'illusions et de rêves plus louables, respectables, enviables, plus sophistiqués, et aux yeux de qui et pourquoi, que celui d'alors ? Comme je devais percevoir une similitude malgré tout entre la brutalité des paroles que j'entendais et les phrases bien chantournées de mes auteurs, une même mise en scène du désir, une coïncidence, peut-être ai-je gardé de cette époque l'absolue conviction, idée banale que je tiens à formuler plus bêtement que n'importe qui, en me doutant que c'est freudien à mort et donc très rebattu, qu'un livre, toute œuvre d'art doit viser à produire l'équivalent de la joie, de l'émoi, de l'effroi du coup du foudre — le coup de foutre, disait

Massereau — l'équivalent d'un coït ininterrompu ou indéfiniment renouvelable. L'équivalent d'un paradis, et par conséquence, puisqu'il ne s'agit que d'un équivalent fictif, la preuve aussi de la mort et de l'exil, de l'inguérissable nostalgie, des inguérissables faim et soif d'un monde parfait et toujours hors d'atteinte. Creusez, vous verrez que cela est puissamment raisonné même s'il manque des maillons à ma chaîne. On me demandait, car elle m'a suivi partout, me suivait partout, en désignant du menton ma malle de livres, à Winnipeg, à Churchill, à Coral Harbour, à Foxe Base où nous étions, à Frobisher, à Mont-Joli :

— What have you got in there, Démontigny ?
— Books.
— Books ? Books ! What for ?

J'aimais bien Massereau. Pour un Français, on peut dire qu'il était vachement sympa, pas chiant du tout. Comme il n'avait passé qu'une année à Montréal avant de monter dans le Grand Nord, on entendait résonner dans son accent méridional le *a* bien ouvert de ses calisses et le *cle* de ses tabernacles. Il nous plaisantait sur le français d'ici, nous racontait, par exemple, comment il avait trouvé bizarre, comme Fernandel en tournée ici, je veux dire à Montréal, de voir annoncés en pleine Catherine sur des banderoles des écoulements de blanc à la verge, où il n'y a rien de répréhensible pourtant, qui est tout à fait louis-quatorzième, ou comment il était resté perplexe quand un soir fermant boutique avec ses collègues de travail — il était boucher pour une chaîne d'alimentation avant de venir sur la DEW (DEW pour Distant Early Warning, warning contre une éventuelle attaque des maudits communisses) —, on lui avait dit Massereau, en partant, t'apporteras la balance! Il s'agissait de ce qui restait d'une pile de steaks. La vraie balance à laquelle il pensait n'était pas transportable. Des choses comme ça. Quand il imitait Luis Mariano ou Tino Rossi il nous faisait comprendre pourquoi il les tenait, comme il disait, pour de fieffés fifis. Cheveux noirs, légèrement gominés et peignés vers l'arrière comme à la mode d'aujourd'hui, une peau très blanche, grand et gros, une armoire à glace comme ils disent, eux. Il était marié, avait une petite fille de deux ans. Il écrivait à sa femme (mais c'était au début) une ou deux lettres par semaine, n'en recevait d'elle qu'une fois de temps en temps. Les jours de courrier, il revenait du bureau de poste, comme tant d'autres, les mains vides, la tête basse. Sa déception passait en colères. Il répétait alors sur tous les tons et avec une extraordinaire richesse de variantes qu'elle aurait dû comprendre que c'était pour elle, pour *elles* qu'il se les gelait, se les cassait, mangeait de l'ostie de porc deux fois par jour depuis des mois, avait mis son zizi en chômage, en veilleuse, en berne sauf pour une misérable petite crossette (il avait vite appris la langue) nécessaire et hygiénique une fois par-ci par-là, et il me prenait à témoin du coin de l'œil et c'était comme un n'est-ce pas Démontigny, et ça me mettait mal à l'aise, et immanquablement ses flambées finissaient par englober, et il aurait voulu l'y engloutir, toute la gent féminine. À l'exception toutefois de la femme de

Gaudet. Il revenait, lui, du bureau de poste avec des brassées de lettres qu'il triait d'abord pour les lire ensuite dans l'ordre de leur composition. Il écrivait lui à sa femme tous les jours, parfois deux fois par jour sur la table devant la fournaise et le bac à eau chaude pour la barbe. Sa moustache rousse collée sur les feuilles, il en remplissait plusieurs sans jamais chercher ses mots, et Massereau et moi on se demandait ce qu'il pouvait bien lui raconter, la vie dans le Grand Nord peut-être, mais merde c'était toujours la même maudite routine, peut-être lui racontait-il dans le détail comment s'installait un écran de radar, lui décrivait le soleil de *mènuit*, et Champoux de l'Abitibi affirmait que pour être tant inspiré il fallait que ça soit cochon, et Gaudet de Roberval sans relever la tête et sans cesser d'écrire nous disait d'aller nous faire foutre.

Massereau et lui s'entendaient bien. À cause du séjour qu'avait fait Gaudet en France comme aviateur, stage au terme duquel il avait épousé sa Française divorcée, ils avaient des références communes pour un tas de choses, la bouffe par exemple. Dans notre régime dominant de porc sans imagination, ils se rendaient malades à décrire d'hypothétiques festins. Des liens que je leur enviais. Quant à savoir ce qui me rendait digne de leur amitié, à ce jour je ne vois pas vraiment, c'était peut-être ma malle de livres, mon admiration pour la chose écrite, les heures que je passais à lire et ils voyaient bien que ce n'était pas chez moi une pose, j'étais vraiment intéressé, ils reconnaissaient là sans doute sans la partager une passion somme toute pas exceptionnelle, assez courante dans les vieux pays, enfin plus respectable là-bas qu'ici, ce qui devait me rendre sympathique, *évolué*, différent en tout cas. Ce qu'ils ne voyaient peut-être pas, comme je l'ai dit plus haut, c'est que le petit collégien sorti de sa serre et transplanté brutalement dans ce désert de glace, avait besoin, le pôvre, pour en amortir le choc et les écorchures, d'un rempart, d'un épais tampon de papier et de mots. Peu sensible à celle qui s'offrait sur place parce qu'elle n'avait pas reçu le sceau de la littérature, je cherchais dans les livres, il me semble, une fraternité dans la peur, dans l'exil, le délaissement, le ressentiment. Bon camarade certes, mais fermé, abstrait, absent. Aveugle.

J'ai mis du temps à voir, à comprendre. À prendre corps. À me rendre compte. Et quand c'est arrivé, c'était déjà la fin, le cinquième acte, la catastrophe. J'ai remonté alors le cours du temps, réentendu des paroles auxquelles je croyais ne pas avoir prêté attention, remarqué pour ainsi dire après coup des scènes, des gestes que je croyais ne pas avoir vus, perçu des silences lourds de cris, et à la relative facilité de ces rétrospection et reconstitution desquelles j'ai pu évaluer la fidélité ensuite dans les récits faits par d'autres, j'ai mesuré combien il y avait de fissures dans mon système et que, en dépit de cette sorte de rêverie où je flottais, d'indolence par quoi je me laissais porter comme sur une vague, d'immobilité crispée, d'atonie choisie contre l'ennui et l'exil, un travail souterrain s'était accompli et que mon désintérêt apparent avait opéré au contraire comme une glu, une toile d'araignée ne laissant rien passer de cette réalité que je pensais fuir. Elle n'avait jamais cessé d'être là, de me faire signe, au moins comme en périphérie. Comment dire ? Je savais avant de savoir. Avant de le reconnaître. Avant de vouloir savoir.

Je connaissais Sodome par la Bible et son pendant féminin Gomorrhe et comme tant d'autres croyais mérités en châtiment pour leur vice le feu et le soufre, le tonnerre de Yahweh tombés du ciel. Que Massereau fît partie de ces gens-là, je le refusais, je ne voulais pas le voir, ça m'horripilait, me changeait en statue de sel comme la femme de Loth. J'avais sur cette question les préjugés de tout le monde. Il aurait fallu pour que j'y croie que Massereau se conformât au prototype, au stéréotype de la tapette, qu'il époussetât ses phrases, comme disait un gros écrivain claudicant au sujet d'un autre aux allures d'androgyne, avec des plumes de colibri. Qu'il fût danseur, garçon coiffeur, artiste, poète avec lavallière, le petit doigt en l'air, la voix haut perchée, menue — minet.

Il était au contraire pour moi la virilité même, celui de qui sur les femmes j'avais entendu, à l'exception de ces moments où il était en colère contre elles pour les lettres que sa femme ne lui écrivait pas, les propos les plus tendres. Est-ce que je le réinvente après tout ce temps autre que ce qu'il était, l'image que j'ai gardée de lui est-elle liée à l'abondance, à l'incessante inventivité de son français de l'autre bord, lesquelles me le faisaient concevoir plus délié qu'il n'était peut-être en réalité, en tout cas il me semble que même dans sa verdeur et sa truculence à leur sujet il ne pouvait s'empêcher de laisser poindre du sentiment pour elles, une émotion, une douceur, une délicatesse, une finesse irrépressibles — car il voulait d'abord faire rire comme tout le monde, surtout ne pas paraître mièvre —, une pertinence en quelque sorte les concernant, et peut-être ne les désirant pas pouvait-il mieux les apprécier pour elles-mêmes, en elles-mêmes ; tout cela dont étaient à peu près dépourvues les plaisanteries de la plupart. Je l'entends encore me chuchoter à l'oreille quand était apparue sur l'écran dans *On the Waterfront* Eva Marie Saint, seins petits, regard perdu, et puis cet air démuni des femmes qui donne aux hommes l'impression qu'ils sont plus forts qu'elles : Moi, Démontigny, je nicherais bien ma tête entre ces deux nichons-là pour l'éternité. C'était mon premier film dans le Nord, la première femme que je voyais depuis mon arrivée. J'étais déjà au bord des larmes, plongé dans le bouleversement, dans la violence insoutenable du contraste entre cette douceur, cette fragilité féminine, le signe comme d'un éden possible, cette poésie, et l'horrible terre à terre, la morne prose, la vie pour moi dans toute sa laideur, même si j'ai connu pire depuis, la grossièreté de ce séjour imposé dans cette tente géante dite de transit où étaient parqués, plutôt entassés, les nouveaux arrivants comme si on avait voulu en leur souhaitant ainsi la bienvenue vérifier s'ils étaient de la graine, ayant enduré l'intolérable plus de trois jours, de ceux qui pouvaient être assez braves ou assez bêtes pour tenir jusqu'à l'expiration de leur contrat de cinq mois — on y était à quinze ou vingt dans un espace prévu pour dix, et ça ronflait et ça pétait là-dedans, on y entrait, on en sortait à toute heure du jour et de la nuit et il y en avait qui, une fois terminées leurs douze heures de travail, harassés, recrus de fatigue, amortis, barbouillés par le froid bavardaient quelques instants avant de se mettre au lit, il y faisait toujours trop chaud ou trop froid, et ça puait ! Je pleurai dans le noir rassurant. Mais Massereau ne disait rien du jeune premier, ce Marlon Brando alors en pleine gloire, et il n'en avait que pour la fille aux seins menus. Je crois bien qu'il feignait par gentillesse, mais cela n'est pas sûr, puisqu'il y en a, comme disait Massereau lui-même, qui sont à voile et à vapeur, puisque toutes les bizarreries du sexe vont rejoindre quelque catégorie et ne paraissent telles qu'aux mal renseignés, une préférence, comme on dit aujourd'hui, qui n'était pas la sienne.

Bon, je disais que j'avais mis du temps à voir, à vouloir savoir ce qui pouvait être la sienne de préférence. Ma sortie des limbes a coïncidé avec le dernier jour de mon contrat. Cinq mois. J'avais fait mes cinq mois ! J'irais bientôt, n'importe quand, plastronner dans le Sud mythique devant plusieurs qui m'avaient prédit que je ne tofferais pas deux semaines. (Ah ! ces anglicismes, ce bilinguisme, c'est donc agaçant ! Ben oui. Comme est agaçant ce pays incertain dont la lâcheté se pare des beaux noms de ruse et de prudence, geai qui se pare des plumes du paon, paontoche, et qui ne sait plus, comme dit le poète, élever vers le ciel une stature de protestation.)

J'étais un des cinq qui restaient des soixante partis de Winnipeg pour l'un ou l'autre des camps de la ligne DEW. Cinq mois. C'était l'objectif que je m'étais fixé. Or, atteint l'objectif. Je pouvais, fier de moi, partir n'importe quand. Chaque jour de plus était un boni, un luxe que je m'offrais, un défi. Je n'avais plus à me cuirasser, à me durcir, à ramper pour durer, à faire le mort, à prendre sans broncher la marde de n'importe qui — excusez ces ruptures de ton, c'est comme ça qu'on disait dans les deux langues. Je n'en prendrais plus en tout cas de Bill Fisher.

Bill Fisher était, comme on dit, mon supérieur immédiat, au titre ronflant de Camp Superintendant, mais en réalité a straw pusher, homme de paille, dépositaire lointain de l'autorité suprême, un rien. Il louchait, et pas qu'un peu, et l'on n'aurait jamais pensé, pas plus par ironie que par excès de gentillesse, à l'expression avoir une coquetterie dans l'œil pour sa loucherie, mais œil de poisson plat, œil et gueule de raie, œil et gueule de reître, plie. Cette nuit-là, il était furieux, il criait, il fulminait, son œil droit, le normal, vrillé sur les miens, terrible ; l'autre, le latéral, parcouru de fibrilles sanguinolentes, encore plus terrible et menaçant tout ce qui se trouvait dans l'espace à gauche. Mon crime : avoir omis de remplir jusqu'à la dernière les fiches sur lesquelles on devait noter le nombre de lits vides en tenant compte des arrivées et des départs, que sais-je, des vétilles, des broutilles. Au nombre où nous étions à cette époque des travaux de la ligne, la circulation à l'est comme à l'ouest étant réduite de moitié, n'importe qui aurait pu retenir ça par cœur. Même lui. J'avais déjà subi de sa part ce genre de tracasseries administratives. D'habitude je le prenais assez bien. C'étaient exigences de crétin, mais je comprenais qu'il voulait se donner de l'importance et j'avais de la peine pour son œil qui sacrait le camp. Pas cette fois. Mon contrat, fini. Fini. L'envoyai chier. Lui expliquai très philosophiquement que puisque tout le monde n'était là que pour faire des sous, parce que personne in his right mind pouvait prendre au sérieux cette ligne DEW déjà *obsolete* au moment où je te parle crisse, il convenait de passer ce temps d'ennui, d'exil le moins désagréablement possible, un peu de solidarité dans le malheur what the fuck. Peine perdue. Il tempêtait, son œil droit toujours vissé sur les miens et l'autre toujours roulant furieusement dans l'espace à gauche. Ma conduite était aussi blâmable que celle du gars que le grand boss avait surpris pissant sur une caisse d'oranges fraîchement déposée de Mont-Joli, pour quoi il s'était fait clairer, à qui et à quoi je devais, car je l'avais remplacé, ma quasi-sinécure à la piste d'atterrissage — il me ferait mon affaire, me dénoncerait au Base Manager. Pas impressionné pour autant, pas le battement d'un cil, le renvoyai chier, recommençai mon discours, et il s'affine et s'engraisse de sarcasmes, de formules cinglantes, j'ai l'embarras du choix, je n'ai qu'à puiser dans toutes les versions silencieuses de ma rage rentrée depuis des mois, et si j'improvise, c'est que je suis prêt, et c'est parfaitement gouverné, j'ai pris conscience de ma colère, je la veux, et en retrait d'elle j'en joue, j'ai le rire haut, la moue d'un mépris exhaustif au coin de la bouche, il n'est rien, un pas intelligent, un sans-génie, je sors mon anglais le plus idiomatique, you can't tell your ass from a hole in the ground — un con. J'étais vivant. J'aime la colère, j'aime la vengeance. J'aime tous les gros sentiments humains.

Je suis sorti dans la nuit qui n'était pas la nuit. En ce temps de l'année, le soleil ne se couchait pas, il descendait un peu timidement vers l'horizon, puis remontait de même. Je regrettai de ne pouvoir contempler les constellations éclatantes de la nuit polaire. Hélas ! pas de faucille d'or dans le champ des étoiles, et c'était l'éternel hiver malgré le soleil de vingt-quatre heures.

Peu de mouvements dans le camp. Comme il y avait alors sur la DEW presque seulement du travail d'entretien à accomplir, maintenance work, les équipes de nuit étaient réduites des deux tiers. On avait laissé, comme d'habitude, rouler au ralenti des camions, des bulldozers en chômage jusqu'au vrai jour pour éviter la complication d'avoir à les redémarrer dans le froid. Leur ronronnement soulignait le silence. Je regardai comme pour la dernière fois les huttes du camp principal, la grande tente de la salle à manger et des cuisines derrière lesquelles se trouvait la masse indistincte des chiens dormant enroulés, couverts de neige, paisibles, mais qui se battraient entre eux quand on leur jetterait les restes ; encore plus loin, vers la mer, sur une élévation naturelle, les écrans de radar, et je devais me demander quels effets un écrivain génial pourrait tirer du contraste entre la fine pointe de la technologie moderne et la barbarie du décor ou autre connerie semblable ; puis les tentes Atwell du camp secondaire vers la piste d'atterrissage — où je me rendais en jeep deux fois par nuit, d'abord pour l'avion de deux heures, ensuite pour celui de sept heures, pour l'arrivée de l'Arctic Rose avec sa grosse rose rouge éclatante peinte de chaque côté du fuselage, seules tâches de mon temps de travail ; puis tout autour, à l'infini, le montueux, le charruage, les retroussements, les énormes copeaux laissés par les vents, le désert de neige et de glace brasillant sous le soleil. Je comprenais que j'avais fini par aimer ce paysage désolé, par aimer le froid de l'Arctique, si positif, présent, agressif, pas une timide absence de chaleur, ennemi devenu fraternel. Et j'allais le quitter ! On réagit toujours trop tard, on n'est jamais heureux qu'au passé, l'imbécile tension vers l'avenir nous vole le présent. Je me consolais à l'idée que je verrais des arbres dans le Sud ! Et j'imaginais, j'entendais dans mes oreilles la stridulation des insectes de l'été, et je voyais une autre plaine, un autre désert, mais celui-là de blés et d'herbes, et un autre soleil, pas abstrait celui-là, et lointain, mais collé de tout son poids chaudement sur la terre !

Il y a des circonstances qui vous transforment en voyeur, qui sèment en votre esprit le soupçon que vous avez des dispositions pour ce rôle. J'allais aux douches plus tôt que d'habitude, j'avais décidé de laisser Fisher remplir à ma place ses maudites fiches or whatever. Ce que je vis en entrant dans le bâtiment des douches me cloua sur place. Massereau encore vêtu, tricot à col roulé et pantalon, dans l'entrebâillement de la porte de la dernière douche du long bâtiment en bois, entourait d'un bras le cou de Joël Saint-Denys nu, il l'embrassait, la main gauche caressait le visage et l'autre ensuite, quittant le cou, le sexe dressé. S'ils avaient eu la crainte d'être surpris, de toute évidence ils l'avaient oubliée, ils ne se cachaient pas, ils n'étaient en rien clandestins. Ils n'avaient souci que d'eux-mêmes et parlaient d'une voix normale. J'avais l'impression qu'ils auraient dit et fait ce qu'ils faisaient devant tout le camp réuni. Et Massereau lui disait, ses mains comme autonomes, chacune livrée à sa spécialité de caresses, ces paroles étonnantes pour moi alors qui ne connaissais l'amour que par les livres, lesquelles sont restées gravées dans ma mémoire — et il y avait un tel contraste entre la banalité des lieux, des circonstances, leur potentiel de sordide et la beauté du refrain, de ce chant comme hors du temps —, il lui disait : Ange, Démon, quoi qu'il advienne tu illumines le reste de ma vie, Ange, Démon, donne-moi ta langue, regarde-moi, je retiens ton visage pour l'éternité, je te porte en moi, tu es dans ma poitrine et elle va éclater, regarde je tremble, ta beauté me ravage, tu me tues, je t'attendais, nous nous ressemblons, nous sommes faits l'un pour l'autre — et, en effet, ils se ressemblaient au moins physiquement, Joël aussi musclé que l'autre, du même moule, mais d'un gabarit réduit —, Ange, Démon, je t'avale, je te mange, je t'incorpore, et Massereau mettait le sexe de l'autre dans sa bouche, tenait les fesses, les hanches, encourageait leur va-et-vient.

Ange, Démon, j'avais déjà entendu ces paroles, ces câlineries, ces tendresses, mais c'était au milieu de conversations entre Massereau et Joël, que j'interrompais en entrant dans notre tente Atwell. Je me contentais alors de trouver bizarre que fassent partie du vocabulaire de Massereau ces êtres spirituels. Ça n'allait pas avec sa carrure, et j'avais depuis longtemps compris que la religion n'était pas son fort, catholique oui, mais il n'y pouvait rien comme on n'y peut rien de ne pas être né Chinois à Pékin plutôt que Français à Biarritz, et enfin *Ange, Démon* forment un beau contraste, il était facile d'imaginer des contextes pour l'occurrence naturelle de ces mots. Peut-être parlaient-ils du Bien et du Mal, du chaud et du froid, du Nord et du Sud.

Joël Saint-Denys venait souvent chez nous. Le prétexte était ce club de poids et haltères que lui et Massereau avaient mis sur pied. Ils se rendaient comme trois ou quatre autres, deux ou trois fois la semaine, dans une tente voisine de la nôtre, chez un gars de Chicoutimi, un maniaque du body building, et qui était aussi propriétaire de l'équipement.

La plupart du temps, Massereau et lui prenaient place l'un en face de l'autre à la table sur laquelle on jouait aux cartes quand Gaudet avait fini d'écrire ses interminables lettres. Massereau et Joël jouaient aussi aux cartes, mais surtout ils se regardaient par-dessus celles qu'ils tenaient dans leurs mains, ils prenaient une éternité pour la même donne, semblaient n'attacher aucune importance au gagne ou perd. Ils parlaient de leur club, parfois.

Ces rencontres sont liées dans ma mémoire au fait que, rendu au bout de ma réserve de livres, je lisais pour la troisième fois la série des *Jeunes filles* de Montherlant, ce San Antonio flaubertisé, pour moi le comble de l'érotisme. Le machisme du héros annulait ma timidité, je me voyais grâce à lui avançant dans la vie en laissant dans mon sillage une multitude de femmes dédaignées, moi puceau, après bien sûr avoir joui d'elles, et j'aimais le ton tranchant, l'orgueil, le classicisme de l'auteur comme une affiche de mépris pour le laisser-aller et la niaiserie de son époque. J'étais ailleurs, cela encourageait mon dédain pour ce qui se déroulait sous mes yeux. Champoux était moins indifférent. Quand il les apercevait ensemble en entrant, je le voyais par-dessus mon livre esquisser un haussement des épaules, laisser errer sur ses lèvres une seconde un sourire entendu, puis une moue de désapprobation, il se repliait sur son quant-à-soi, lequel disait clairement : à d'autres! Et il allait s'étendre dans son lit pour lire ses histoires cochonnes. West reprenait sa complainte, parlait comme toujours de sa ferme, de sa femme qui s'occupait de tout, des débordements de la Rouge, qui l'avaient ruiné, des caprices de la nature, du temps qu'il fait et comment il est dans ce maudit pays toujours en bas ou en haut de la moyenne, donc fécond en catastrophes, de sorte que c'était a miracle if as a farmer you could make a fucking decent living. Comment dans quelques mois encore, ayant fini de liquider ses dettes, pay the last two instalments on the fucking tractor, il pourrait commencer à mettre de l'argent de côté and leave this fucking North and go down at last to the fucking South!

Gaudet savait tout, lui, et depuis longtemps. Et encore, de première main. Il avait comme moi refusé de voir ce qu'il voyait, comme Massereau lui-même avait refusé longtemps de mettre un nom sur ce qu'il éprouvait pour Joël Saint-Denys. Ils avaient eu ensemble de longues conversations qui ressemblaient à des conciliabules, par-

178

fois à l'intérieur quand ils étaient seuls, parfois dans le froid marchant entre les tentes. Massereau avait fini par parler. Avait tout dit. Il était selon Gaudet dans un état, qui faisait peur, d'exaltation, de fébrilité, de violence, de fureur butée. Il flambait littéralement, se consumait. Sa parole à l'ordinaire si drôle, si pittoresque était devenue un tourbillon, une tornade, tragique, où revenaient les mêmes idées fixes, comme une vrille dans l'âme, inlassable. Elle disait d'abord, avant de dire sa passion, le mépris qu'il avait pour lui-même à cause de toutes ces années perdues, passées dans le refus de ce qu'il était, ce qui faisait de sa vie une comédie, un mensonge, comédie et mensonge qu'il avait maintenus et nourris par tous les moyens, comme s'il avait ligué, rassemblé toutes ses forces contre l'intuition de sa vérité. Mais il l'acceptait enfin, cette vérité. Toute. Tout. Toutes les conséquences, parmi lesquelles la menace d'être renvoyé et de se retrouver devant rien — qui le faisait rire. Rien ne lui en ferait plus démordre, il souffrirait mille morts plutôt que de se dédire, de se renier, de se contrefaire dans une autre suite de jours vides, et c'est peut-être ce qu'il méritait, la mort, pour avoir été aussi con et aveugle, que de coups de pied au cul s'étaient perdus dans son cas, non mais, lui à trente-quatre ans, comme s'il commençait sa vie, mais au moins, lui, il l'avait commencée par une joie, une fulgurance indépassable après quoi tout ce qu'elle pouvait lui réserver ne serait, ne pourrait être qu'une caricature, un pâle reflet dérisoire, un recommencement qu'il refusait à l'avance — et même s'il savait que les attachements dans sa catégorie avaient la réputation de n'être pas durables, il n'y aurait que Joël, il n'y aurait pas d'après Joël, et non ! ce n'était pas pour se décharger de quelque sentiment de culpabilité ou de honte qu'il protestait de l'éternité de cet unique amour vrai, de toute façon il avait assez de bonheur, Joël disparu ou perdu, pour s'en souvenir pendant plus de cent ans !

Ce que je rapporte maintenant, sauf pour la fin, est tout mêlé de ce que m'a dit Gaudet, et même Champoux, et de ce que j'ai vu et entendu moi-même dans mon état semi-comateux, en périphérie, comme je le disais. Ces deux-là, si l'on fait exception des histoires pornos de Champoux qu'il nous lisait en anglais le soir, pures fantaisies comme les violences de cinéma, n'étaient plongés ni l'un ni l'autre dans des passions de livres tout arrangées, ils avaient vu et entendu plein de petites choses vraies, elles faisaient partie des petites choses vraies de leur propre vie, ils se débrouillaient avec, en faisaient leur pâture et n'éprouvaient nul besoin de passer comme moi par le laboratoire d'un autre, fût-il un expert, pour leur donner un sens. Je veux dire qu'ils étaient vivants et avaient vu neiger avant de venir dans le Nord.

Joël Saint-Denys était à l'emploi de Crawley and Mckraken, une compagnie spécialisée en approvisionnements de bouche et en popote ; des *caterers,* traiteurs en somme sur une grande échelle, dont le raffinement de ce qui sortait de leur cuisine était inversement proportionnel à l'importance de leur équipement. Les employés de cette compagnie passaient pour être les moins bien payés de la DEW, on se rabattait sur elle pour l'embauche quand on n'avait pas été jugé digne de la Foundation Company of Canada, le plus gros employeur de la ligne. Nous de Foundation formions la classe moyenne. En haut, les quelques spécialistes de Marconi, de Westinghouse, de General Electric et, encore plus haut, le gratin du gratin, les VIPs (pour very important persons, very important pricks, comme on disait entre nous, les gros culs, les grosses poches), inspecteurs en tout genre, plus ou moins liés au politique, du Canada et des États, et quand ils venaient nous voir du Sud, c'était le branle-bas du haut jusques en bas de l'échelle sociale.

Les gens de Crawley étaient un peu nos nègres. C'est toujours réconfortant d'en avoir, de pouvoir condescendre, d'être bon pour l'inférieur, de le remettre à sa place quand il a pris votre gentillesse pour de l'intérêt véritable et sort de son rôle. Ils étaient l'objet d'innombrables plaisanteries tournant toutes dans le même sens à partir d'un raisonnement — popote, vaisselle — et aboutissant au comme quoi ils étaient les seules femmes du camp.

Joël Saint-Denys était garçon de table, laveur de vaisselle, balayeur, homme à tout faire. Tout de suite Massereau l'avait trouvé sympathique, lui avait parlé et lui parlait par-dessus la rangée de marmites ou quand Joël venait aux tables pour renouveler toutes ces petites choses de base que sont le sucre, le sel, la moutarde et le ketchup. Et Massereau lui disait que, beau gosse (il prenait les autres à témoin) comme il était, ce Joël, qu'est-ce qu'il faisait chez Crawley alors qu'il aurait pu être dans le Sud le gigolo d'une vieille riche américaine ou canadienne angliche pas trop défraîchie ayant eu plus de chiens que d'enfants, et il devait lui expliquer : Ben oui, tu la baises, par définition c'est dans ton rôle, c'est l'inconvénient pas de roses sans épines, tu la baises mais en pensant aux toutes fraîches que tu vas baiser parce que tu baises celle-là, puis tu portes ailleurs ton caramel, ta réglisse, tu laisses ta vieille en compote dans son blanc-manger, et à ton âge, comme vous dites, il y a toujours de la mine dans le crayon. Il revenait là-dessus, et le préambule sur comment Joël était beau gosse chaque fois s'allongeait, c'était tantôt les yeux ou les cheveux, ou le regard, la profondeur du regard, les yeux, leurs feux, les muscles des bras, des cuisses, la ligne parfaite des dents, et faisait paraître accessoire et convenu ce qu'il ajoutait, pourtant intarissable, de rigolo sur le gigolo et la rigolade en général, ce qui amenait à s'esclaffer toute la tablée ou la ligne d'attente — les queues, disait Massereau, devant les marmites.

Seul Blackburn ne riait pas. Immobile, il regardait, stoïque, et attendait que Massereau ait terminé son blason, ou bien il s'affairait encore plus que d'habitude dans cette cuisine dont il était le grand chef, donnait des ordres, et comme par hasard alors souvent à Joël, il bougonnait, bardassait plats et marmites comme son personnel, marmonnait entre ses dents comme un refrain, comme une chose mise au point depuis longtemps, toujours ces mêmes paroles et toujours dans le même ordre, que tout le monde a entendues au moins une fois : ostie de Français, ça parle, ça parle, peut-être que ça sait pas faire grand-chose d'autre, ça parle, ça parle, ostie de Français.

182

Il était encore plus gros et grand que Massereau. Il soulevait une louche et tous les muscles de son bras dans sa blouse blanche aux manches courtes et encore retroussées exprès pour qu'ils soient plus visibles se dessinaient, bougeaient en bourrelets jusqu'à l'épaule. Canadien-français par sa mère, sorte de Frankenstein, tout ce qu'il faut pour être le *vilain*, le méchant prêt pour un film, d'énormes rouflaquettes jusqu'à mi-joue encadraient son menton en galoche, d'où son surnom de Sideburn, gros surtout mais gros, mais pas balourd, aux mouvements de grand félin, le meilleur joueur de ping-pong du camp et qui m'avait ravi mon titre. Et tout le monde disait que lui et Joël Saint-Denys jouaient ensemble une autre sorte de ping-pong, à j'te pince ci j'te pogne ça, et je te smashe et aura donc ! Ce que Massereau devait savoir, soupçonner, pourtant Joël lui avait affirmé qu'il ne s'était rien passé entre lui et Blackburn, rien de sérieux en tout cas, l'autre l'intimidait, le harcelait, comme on dit, de ses avances, il devait se montrer gentil pour garder sa place, faire le minimum, et il était vague sur le minimum, qui était peut-être le maximum, les dernières faveurs, mais peu importait d'entrer dans les détails puisque c'était lui, Massereau, maintenant qu'il aimait. En tout cas, il arrivait à Massereau, qu'il ait su ou non avec certitude, de défier l'autre du regard en parlant à Joël, et parfois, entendant l'autre bougonner ou bardasser, il lui disait : Blackburn, tu peux dire tout ce que tu veux ou : Blackburn, fais tout ce que tu veux. Merde. Et Blackburn multipliait les ordres autour de lui, des ordres de cuisine, des ordres de son domaine, lequel lui inspirait ses seules pensées claires, car pour le reste il s'emberlificotait dans ses mots dès le début d'une deuxième phrase simple. Et je pense que la supériorité de langage de Massereau, cette projection éclatante et enjouée du moi de l'autre, du rival, ce prolongement, cette possession de l'espace autour de lui, cet enveloppement de paroles annonçant et mimant possession et enveloppement d'autres sortes, ont dû compter autant pour Blackburn dans sa rage et sa haine contre Massereau, contre le maudit Français que d'être trompé avec lui par Joël.

Cela avait commencé, durait depuis combien de temps? Des semaines, un mois? Il y avait eu d'abord, selon Gaudet, tous les mensonges, toutes les ruses, toutes les cachotteries de l'adultère et, de fil en aiguille, mensonges et subterfuges formant une masse d'invraisemblances, de contradictions, d'incroyable malgré le parti pris de croire n'importe quoi plutôt que d'avoir à reconnaître une vérité douloureuse, l'autre, Blackburn, avait fini par savoir, par vouloir savoir, comme il arrive, après tout le monde.

Ruminant ce que j'y avais vu, je sortis des douches en même temps que Joël et Massereau. Les hommes de jour se rendaient aux cuisines pour leur premier repas, ceux de nuit pour leur troisième. Mais ce n'était pas le flot régulier habituel des encore endormis et des très réveillés.

Un attroupement s'était formé autour d'un traîneau immobilisé dans le grand espace entre les tentes de l'administration et la salle à manger, cette sorte de place publique de notre petit village. Ce qui attirait l'attention, c'était l'attelage du père Lessard, oblat de Marie Immaculée, lequel était venu faire son tour, comme il lui arrivait, pour une rare messe et la confesse, et pour savourer un T-Bone de civilisé après des mois de poisson cru et de couenne de baleine! Un Esquimau qui accompagnait l'oblat de Marie Immaculée, et un tout jeune garçon qui devait être son fils surveillaient les chiens fourbus, énervés par la foule de curieux, couchés presque immobiles sauf pour la tête et les yeux très alertes comme si ce qu'il leur restait de forces s'était rassemblé là. Des hommes s'essayaient à tour de rôle à faire claquer un grand fouet non pas au-dessus des chiens, mais pour la forme dans la direction opposée, ce que personne n'arrivait à faire convenablement, et chacun riait de sa maladresse et riait jaune quand le petit garçon, reprenant le fouet du dernier brave incompétent et lui montrant sa technique, le faisait claquer à tout coup parfaitement sec au-dessus de la tête du chien de tête imaginaire, et le père et le fils, le père s'arrêtant de chantonner une chanson de cow-boy, riaient en montrant leurs dents blanches.

Massereau racontait à Joël une histoire, qu'il mimait. Il était en verve et son bel accent basque s'il détonnait dans le froid s'accordait bien avec le soleil éblouissant qu'on aurait pu croire du Midi et l'atmosphère de kermesse. Ils étaient tous les deux dans cette tendresse qui suit l'apaisement des furies du désir, sereins, confiants, calmes dans l'attente d'extases à venir, et toute la vie devant soi pour recommencer, ce qui permet une halte, un repos, anime l'intérêt porté aux petites choses de la vie comme préludes aux grandes, regarder, par exemple, cet Esquimau et son fils enseignant à ces moignons d'hommes venus du Sud comment, chose essentielle, faire résonner un fouet au-dessus d'un attelage de huskies dans les déserts du Nord.

Vint le tour de Massereau. Il dit, le brandissant, qu'avec un fouet pareil il était normal de branler dans le manche, qu'il ne ferait pas mieux que les autres, enfin il fallait s'exécuter, et c'est ce qu'il allait faire quand on vit Blackburn s'avancer à pas lents, paraissant lents à cause de la masse énorme, mouvements de glacier à l'échelle géologique, s'avancer comme un tank sur le point d'enfoncer un mur et que rien n'arrêtera. Il était tête nue malgré le froid, il avait une main cachée dans son vêtement, qui se montra tout à coup armée d'un large couteau de cuisine, et tous surent, mais sans bouger, tous pétrifiés, sans pouvoir réagir, ce qui allait se passer, et il n'y eut pas de préambule, pas d'échange d'insultes ou de menaces, pas un mot, et Massereau tenant toujours le fouet et pensant que Blackburn voulait sans doute s'en prendre à Joël s'interposa et il n'eut même pas le temps de paraître surpris, ce qu'il parut après le premier coup assené en plein ventre à travers son parka, suivi tout de suite d'un deuxième tout aussi violent, et on voyait l'étoffe du parka bouffer quand la lame se retirait, et Blackburn, content de son travail, se tint en retrait, prêt à frapper encore et attendit que Massereau titube puis s'effondre tête première dans la neige. Puis s'en retourna d'un pas assuré vers sa cuisine comme si de rien n'était.

Il y eut des cris, du brouhaha, et bientôt le père Lessard était auprès de Massereau, qu'il retourna sur le dos avec l'aide de Joël, et Massereau dit au père qui lui parlait à voix basse, et peut-être lui proposait-il d'entendre sa confession car sa main traçait dans l'air glacial un signe de croix, dit au père non non, puis tournant ses yeux vers Joël murmura faiblement, mais il y avait dans son murmure à peine audible la volonté et l'énergie d'un cri, et comme s'il eût voulu faire tenir en un seul mot un long discours : Joël ! Puis il mourut.

À l'endroit où Massereau était tombé, tous regardaient une tache de sang s'agrandissant dans la neige, que le froid bientôt figea.

On achemina vers le Sud le jour même le corps de Massereau ficelé dans des couvertures à bord de l'Arctic Rose, où étaient aussi le meurtrier et sa maudite face de galoche, sa face à taper dedans, de gratte-chaudrons impénitent et imperturbable, et un agent de la Gendarmerie chargé bien sûr de le surveiller comme d'avoir un œil aussi sur le gars de la buanderie qu'on avait décidé de rapatrier parce qu'il avait perdu la raison. Celui-ci, hilare dans sa folie douce, porté par une joie et un enthousiasme incompréhensibles, n'adressait plus la parole, par-dessus la buée de ses lunettes et à travers la brume de son domaine, qu'aux innombrables pin up tapissant sa buanderie jusqu'au dernier pouce carré, et dont l'humidité en gondolant le papier accentuait encore les rondeurs.

Et comme pour oublier la tragédie et le vol funèbre de l'avion très haut dans le ciel clair de l'Arctique, et comme on ne le pouvait on n'y fit plus allusion qu'en racontant avec force détails, jamais tout à fait les mêmes, mais invariables sur l'essentiel, ce qui s'était passé à l'escale de Frobisher. Quand on ouvrit la porte de l'avion et qu'on s'enquit où était le gars qui avait perdu la tête, where's the guy that went off his rocker? et celui-ci, le gars de la buanderie, avait désigné d'abord le pilote puis, devant les airs dubitatifs, l'agent de la Gendarmerie, puis Blackburn et enfin, en désespoir de cause, le mort.

Je partis quelques jours plus tard pour Mont-Joli et Montréal, cette fois bien assis dans le sens du vol, dans le sens du nez de l'avion, et non de biais le long du fuselage comme à bord de l'avion d'arrivée cinq mois plus tôt, qui venait de servir, m'avait-on dit, au transport de singes rhésus pour je ne sais quelle destination ni quelle mission scientifique. Et je pensais à Massereau, au soleil de sa voix, à sa vitalité, à son humour, à ses colères, à sa passion. Et je réentendais la question que les hommes montant à bord à Coral Harbor, escale au cours du voyage d'arrivée dans le Nord à partir de Churchill, avaient posée d'une voix angoissée, toute vibrante, prégnante d'expectative, question posée cent fois ensuite à Foxe Base, question que j'entends du fond des années, que je me pose et répète quand tout va mal, quand la vie ne me vaut rien, quand j'en attends je ne sais quelle fin ou commencement absolus, quelle illumination — question comme un cri, une plainte: Any mail?

Table

Cet ouvrage
composé en Palatino corps 12 sur 16
a été achevé d'imprimer
le quinze janvier mil neuf cent quatre-vingt-seize
sur les presses de

«L'IMPRIMEUR»

Cap-Saint-Ignace (Québec).